MINISTÈRE DE L'INSTRUCTION PUBLIQUE
ET DES BEAUX-ARTS

COMMISSION EXTRAPARLEMENTAIRE

CHARGÉE D'ÉTUDIER
LES MOYENS DE GÉNÉRALISER L'APPLICATION DU CINÉMATOGRAPHE
DANS LES DIFFÉRENTES BRANCHES DE L'ENSEIGNEMENT

RAPPORT GÉNÉRAL

PRÉSENTÉ PAR

M. Aug. BESSOU

PARIS
IMPRIMERIE NATIONALE

1920

MINISTÈRE DE L'INSTRUCTION PUBLIQUE ET DES BEAUX-ARTS

COMMISSION EXTRAPARLEMENTAIRE

CHARGÉE D'ÉTUDIER
LES MOYENS DE GÉNÉRALISER L'APPLICATION DU CINÉMATOGRAPHE
DANS LES DIFFÉRENTES BRANCHES DE L'ENSEIGNEMENT.

RAPPORT GÉNÉRAL

DE M. AUG. BESSOU

SUR L'EMPLOI DU CINÉMATOGRAPHE

DANS LES DIFFÉRENTES BRANCHES DE L'ENSEIGNEMENT.

Le 23 décembre 1915, la Commission de l'Enseignement et des Beaux-Arts à la Chambre des Députés, après avoir délibéré sur un projet de résolution présenté par M. J.-L. Breton, invitait le Ministre de l'Instruction publique à « constituer une Commission spécialement chargée de rechercher les meilleurs moyens de généraliser l'utilisation du cinématographe dans les différentes branches de notre enseignement ».

Le 23 mars 1916, un décret instituait cette Commission (1).

(1) Cette Commission est composée de MM.

Le Ministre de l'Instruction publique, *président ;*

Steeg, Sénateur, et J.-L. Breton, Député, *vice-présidents ;*

A. Bessou, *secrétaire ;*

Ponée et Augis, Chefs de bureau au Ministère de l'Instruction publique, et Beissier, *secrétaires adjoints ;*

Banaré; Bellin, Directeur de l'Enseignement secondaire au Ministère de l'Instruction

Dans son rapport au Président de la République, le Ministre exposait avec netteté les raisons qui justifiaient le décret et indiquait quel devait être le rôle de la Commission extra-parlementaire du Cinématographe à l'École.

« Au lendemain de la guerre, écrivait-il, l'École nationale aura à accomplir une œuvre plus importante que par le passé. Il lui appartiendra de hâter et d'accroître le développement intellectuel et moral du pays. . .

« L'application rationnelle du cinématographe peut avoir pour nos écoles des conséquences très heureuses. Il importe d'établir un plan d'ensemble, de concevoir une organisation méthodique. »

La Commission extra-parlementaire n'a point failli au devoir que lui traçait le Ministre de l'Instruction publique. Elle a beaucoup travaillé. Elle a tenu de fort nombreuses séances, procédé à des enquêtes approfondies, écouté et discuté des rapports d'une documentation minutieuse; elle a visité les grandes maisons d'édition de films, assisté à des conférences d'éducation par le cinématographe, à des classes où elle a pu se convaincre des heureux résultats d'un enseignement renouvelé par l'image.

De tels efforts ne seront pas stériles et, dans ce compte rendu de nos travaux, le Ministre de l'Instruction publique trouvera d'utiles indications et des moyens pratiques pour faciliter la tâche si complexe des maîtres de notre jeunesse.

---

publique; Benoit-Lévy; A. Broca, professeur à la Faculté de Médecine; Chancrin, Inspecteur général de l'Agriculture; Chassaigne-Goyon, Député; Collette; A. Continsouza; V. Continsouza; Coville, Directeur de l'Enseignement supérieur au Ministère de l'Instruction publique; Deloncle, Sénateur; Demaria; Dерôme, Inspecteur général de l'Instruction publique; Dessoye; Deville; Drouard; Eyrolles; P. Féval; Fleurot; Franceschi, Chef de bureau au Ministère des Colonies; Galli; Gaumont; Gilles, Inspecteur général de l'Instruction publique; Heller; Herr, Directeur du Musée pédagogique; Herriot, Sénateur; Honnorat, Député; Janet, professeur à la Faculté des Sciences; Jourjon; Kleine, Directeur de l'École nationale des Ponts et Chaussées; Lamirand, Inspecteur général de l'Instruction publique; Lapie, Directeur de l'Enseignement primaire, au Ministère de l'Instruction publique; Lebey; Lecomte, Président de la Société des Gens de Lettres; Lefas; Lefebvre, Directeur de l'Enseignement primaire de la Seine; Lenoir, Inspecteur général de l'enseignement du dessin; Lintilhac, Sénateur; Lumière; Manuel; Mangin; Pierre Marcel; V. Margueritte; Marin; Masson; Mme Mauger; MM. Noël, Sénateur; Olivier; Paris, Inspecteur général de l'Enseignement technique; Rameil, Député; Rebeillard; Robelin; Rodoconachi; Roux; Strauss, Sénateur; A. Veber; Verlot, Député; Villette; D. Vincent, Député; Virot.

L'ÉDUCATION ET L'INSTRUCTION PAR LE CINÉMATOGRAPHE.

Le cinématographe, Messieurs, a eu ses détracteurs. C'est qu'il n'a pas toujours été un divertissement profitable ou inoffensif.

Vous vous rappelez qu'à la première séance de la Commission extra-parlementaire, M. Herriot dénonçait avec une éloquente vigueur ce qu'il appelait la criminelle suggestion de certaines scènes cinématographiques. Les vols, les meurtres, qui se déroulaient sur l'écran, hantaient, disait M. Herriot, l'imagination d'enfants et d'adolescents qui, dans leurs jeux, retrouvaient la précision du geste des voleurs et des meurtriers.

Et résolus, vous aussi, à ne point laisser dégénérer en plaisir malsain une invention admirable mais parfois mal employée, vous émettiez le vœu suivant :

« La Commission extra-parlementaire du Cinématographe à l'École,

« Convaincue de la puissance d'action du cinématographe, désireuse de collaborer à l'extension et à l'utilisation de cette industrie et, en particulier, de généraliser son application à l'enseignement, invite la Chambre syndicale de la Cinématographie à faire tous ses efforts pour substituer à des films susceptibles d'agir fâcheusement sur l'imagination enfantine et même sur l'imagination populaire, des films de nature à exalter les sentiments nobles comme le sentiment patriotique. »

Vous reconnaissiez ainsi que, pareil à la langue dont parle le fabuliste, le cinématographe peut être la pire des choses, et vos travaux devaient affirmer qu'il peut être aussi la meilleure.

Avant tout, vous avez déterminé son rôle et son importance. Si quelques-uns de nos collègues avaient eu au début de légères préventions, elles auraient été dissipées par le résultat des études et des expériences auxquelles vous vous êtes livrés.

Tout le monde connaît la puissance de l'image dans la formation intellectuelle et morale de la jeunesse. Dans les livres qui lui sont destinés, on a depuis fort longtemps illustré le texte. On fait des contes aux enfants, on leur apprend des fables, et, contes ou fables, qu'est-ce autre chose que l'image substituée à l'idée ? Mais les images des livres sont presque toujours bien imparfaites et bien sommaires. Les contes, les fables, aussi transparent que soit le voile dont ils couvrent la vérité pour l'adoucir, sont un peu éloignés de la réalité et plaisent plus à l'imagination qu'ils ne servent la raison.

Le cinématographe a les avantages de l'image et du conte sans en avoir les inconvénients.

Il est la vie.

L'intérêt du spectacle sollicite l'attention des élèves, de ceux-mêmes dont l'imagination est paresseuse. Les souvenirs qui leur restent d'une image animée sont plus nets et persistent plus longtemps.

Admirable auxiliaire pour le maître dont il vivifie l'enseignement, le cinématographe permet de réduire le verbalisme qui délaie et affaiblit l'idée : il met sous les yeux la synthèse vivante des êtres et des choses.

« Voir c'est presque savoir », écrit justement notre distingué collègue M. Roux.

Il ne se borne pas à donner la vision rapide du mouvement et de l'action, il les ralentit, les décompose et par là même devient un merveilleux instrument de démonstration et d'analyse.

Dans l'enseignement technique et professionnel, il guide et complète l'instinct ouvrier. Quand l'observation directe de la réalité n'est pas possible, les projections cinématographiques y suppléent. Elles sont le document précieux, le témoignage réel qui confirme la leçon du maître.

Dans un de ses jolis contes, A. de Musset nous parle d'un vieux et honnête fermier beauceron qui n'avait vu de ses jours ni une forêt ni une montagne, car il n'avait quitté sa ferme que pour aller à la ville ou aux environs : « Son érudition se bornait à savoir qu'il fait chaud en été, froid en hiver et le prix des grains au dernier marché. Pour ce qui est de la mer, il y croyait comme au paradis, c'est-à-dire qu'il pensait qu'il fallait y aller voir. »

Il n'y aura plus désormais de fermier semblable au bonhomme Piédeleu. Le cinématographe détruit ces effets de l'ignorance qui se croit avisée parce qu'elle est méfiante et bornée. Il initie l'enfant, dès son plus jeune âge, au mécanisme si complexe de la vie moderne. Reculant les horizons, supprimant les barrières, il révèle la diversité des aspects de l'univers, rapproche et rend presque tangibles les êtres et les choses les plus éloignés, ressuscite les époques évanouies, montre des vérités plus belles que les plus belles des légendes. Il ne nourrit pas seulement l'esprit de connaissances utiles, il peut l'arracher aux vulgarités et aux bassesses, l'élever vers l'idéal. Par la beauté si variée des spectacles qu'il peut représenter : paysages, scènes de la nature, chefs-d'œuvre de l'art, il éveille et satisfait la plus saine curiosité, il développe le sens esthétique et par la beauté conduit à la moralité.

Ces idées, Messieurs, qui ont été à la base de vos travaux, auraient été fortifiées, si cela eût été nécessaire, par les heureux essais de quelques-uns de nos maîtres qui n'ont pas attendu des instructions officielles pour utiliser dans leurs classes les vues cinématographiques. Leurs efforts ont contribué à dissiper les appréhensions que toute méthode nouvelle fait naître même chez de très bons esprits. Il serait injuste de ne les point signaler dans ce rapport.

Dans l'enseignement primaire, quelques instituteurs ont donné l'exemple : parmi eux pourrions-nous oublier notre distingué collègue M. Collette, celui que plusieurs fois vous avez appelé vous-mêmes un apôtre du Cinématographe à l'École?

Dès 1911, un maître éminent de notre enseignement secondaire, M. Brucker, alors professeur d'histoire naturelle au lycée Hoche, à Versailles, illustrait ses leçons de projections animées. Et M. l'inspecteur général Lamirand, dont nous avons au cours de nos séances apprécié la clairvoyance et la prudente hardiesse, pouvait écrire « qu'après avoir assisté à une leçon de M. Brucker, il était sorti convaincu de l'importance des services que peut rendre à l'enseignement le cinématographe judicieusement employé ». L'exemple était fécond et, en 1913, quelques lycées parisiens imitaient le lycée de Versailles : Condorcet, Janson-de-Sailly, Louis-le-Grand, Voltaire, Fénelon, Jules-Ferry. Si la guerre n'était pas survenue, tous nos établissements secondaires de Paris et un grand nombre de lycées et collèges provinciaux auraient leur cinématographe. Les grandes écoles d'enseignement technique et professionnel, comme l'école de *Vierzon*, utilisent le précieux appareil.

Pour l'enseignement agricole, grâce à l'impulsion intelligente de nos collègues M. Chanerin et M. Drouard, le cinématographe est devenu un auxiliaire tout à fait remarquable. Le regretté Édouard Petit, dont le nom restera attaché à l'œuvre de l'éducation post-scolaire, avait compris la valeur éducative du cinématographe et il en recommandait l'emploi, dans les cours du soir, pour le développement intellectuel et moral de la jeunesse.

Enfin l'enseignement supérieur, mieux averti des ressources que la science met à notre disposition, se sert depuis quelques années du cinématographe. Au Collège de France et à l'École de Médecine, les éminents professeurs comme le docteur Broca et le docteur Fr. Franck ont montré tout le parti qu'on pouvait tirer des vues animées.

Ainsi votre Commission, tout à fait d'accord sur les principes, a été d'abord unanime à penser que l'emploi du cinématographe pouvait renouveler, rajeunir notre enseignement et le rendre plus fécond. Puis, elle a déterminé avec la plus grande netteté les questions qui s'imposaient à son attention et qu'elle devait résoudre :

1° Dans quelle mesure faut-il introduire le cinématographe dans nos établissements scolaires et en quelles matières surtout convient-il d'en préconiser l'emploi ?

2° Quelles qualités doivent présenter les appareils de projections et les films destinés à l'enseignement ?

3° Quels sont les moyens les plus pratiques pour procurer aux écoles les appareils et les films nécessaires ?

Trois Sous-Commissions se sont partagé la tâche ainsi fixée : 1° Sous-Commission des programmes; 2° Sous-Commission technique (choix des appareils et des films); 3° Sous-Commission des moyens de réalisation.

I. — PROGRAMMES.

La Sous-Commission des programmes s'est réunie un très grand nombre de fois et elle a longuement étudié cette question complexe des programmes à établir. Vous avez, Messieurs, adopté les conclusions qu'elle vous a proposées. A n'en pas douter, les méthodes d'enseignement seront transformées par ce nouvel outil de travail qu'est le cinématographe. Cet outil vient à son heure, alors qu'il faudra instruire vite et bien. Une pédagogie nouvelle est donc à créer.

La Commission n'a pas la prétention d'apporter un plan de réforme de l'enseignement national. Ce n'est point sa mission et il ne lui appartient pas de se substituer en ces matières au Ministre de l'Instruction publique et à ses Directions compétentes. Notre rôle est plus simple. Après sérieux examen, nous affirmons que l'enseignement ne devra point désormais se passer du cinématographe, et, partant de ce principe, nous voulons dégager quelques idées directives et quelques règles dont l'application nous paraît d'une urgence absolue.

a. Le cinématographe ne doit pas remplacer l'enseignement du maître, mais en être l'auxiliaire.

Des craintes se sont manifestées. On s'est demandé si à une époque où l'on doit développer par-dessus tout l'initiative et l'effort intelligent, on n'allait pas diminuer l'activité intellectuelle et nuire à l'éclosion de la personnalité. Les adversaires de l'éducation attrayante ont eu beau jeu. Ce n'est point ici le lieu de montrer qu'il n'est pas besoin de s'ennuyer pour s'instruire. Quelle conception archaïque que de vouloir toujours faire de l'étude une chose maussade ! Oserai-je prétendre que les meilleurs éducateurs ne sont pas nécessairement les plus tristes ? On veut un enseignement vivant. La vie n'est pas l'ennui et y a-t-il une méthode pédagogique plus intéressante et plus efficace que la méthode d'enseignement par le cinématographe qui reproduit la variété toujours nouvelle de la vie ?

Mais nous savons bien que la vue rapide des êtres et des choses ne suffit pas et peut même présenter de grands dangers. Aussi nous écartons *les classes spéciales de cinématographe* : elles ressembleraient trop à ces voyages en chemin de fer qui ne laissent que des impressions fugitives. L'enfant n'y assisterait que par les yeux et ne ferait pas l'effort nécessaire pour rattacher ce qu'il voit à ce qu'on veut lui faire comprendre. Son attention, d'ailleurs, serait vite lassée. La fatigue de la vue, fixée sur les projections, est assez grande pour qu'on soit obligé de la reposer par les explications du maître.

La projection cinématographique, telle que nous la concevons, n'est pas un simple divertissement : *elle doit coïncider avec la leçon correspondante dont elle est l'illustration naturelle.* Elle sera courte, et il conviendra pour cela de retrancher dans les films tout ce qui est superflu ; en particulier les répétitions de vues d'un même sujet. Sur ce point l'accord de la Commission a été unanime. Et cette règle absolue, qu'elle demande au Ministre de l'Instruction publique de bien établir, ressort de toutes les consultations orales ou écrites qui lui ont été soumises. Les efforts du maître et de l'élève n'en seront pas moins nécessaires. Illustrer une leçon, prouver par une preuve irréfutable une affirmation ou un fait n'est pas le moins du monde diminuer l'activité intellectuelle de celui qui montre et de celui qui voit.

Jean-Jacques Rousseau écrivait qu'un bon moyen d'apprendre à juger, c'est d'exercer les sens. C'est là un principe fécond que l'expérience justifie. Les maîtres qui utilisent le cinématographe apprennent à l'enfant à observer par lui-même, à trouver le fait intéressant qu'il faut retenir. Ils donnent des exercices sur les images projetées, des sujets de composition, font faire de petites synthèses : tous procédés excellents qui permettent de fixer dans l'esprit ce que la vue a retenu.

« A la fin de l'année, écrit un professeur, nos élèves ne seront pas devenus des encyclopédistes, mais leur esprit se sera modifié de manière à pouvoir observer dans le cours de la vie, d'une façon habile et suivie, les choses et surtout les hommes. Ce sera pour eux un grand profit. »

b. Le cinématographe doit servir surtout à l'enseignement expérimental.

Tout, dans les divers ordres d'enseignement, est-il matière à l'enseignement par le cinématographe?

En principe peut-être, et l'on ne saurait évidemment contredire l'opinion de ceux qui estiment possible d'appliquer le cinématographe à tout et de l'appliquer bien. M. Ch. Pathé dans un rapport fort intéressant nous parlait d'un professeur allemand qui avait réalisé des vues se rapportant à la démonstration de théorèmes géométriques et de problèmes de haute arithmétique, notamment à l'emploi de la table des logarithmes! Je doute qu'il soit expédient d'aller si loin. C'est pour rendre l'enseignement plus vivant et plus vrai que l'emploi de cinématographe est reconnu nécessaire. Il manquerait de vérité et deviendrait un moyen simplement ingénieux et artificiel si on l'appliquait à des enseignements où il n'a que faire. La philosophie par exemple, les hautes mathématiques ne sont pas d'admirables matières à mettre en vues cinématographiques.

D'une manière générale, si la vue directe est possible, il ne faut pas lui substituer l'image animée. « Jamais, observe M. Lamirand, la projection d'une expérience ne vaudra la vue directe de l'expérience elle-même. » Quand les enfants peuvent *voir, toucher, goûter, sentir* directement, il est inutile de recourir au cinématographe, sauf peut-être lorsqu'il convient d'agrandir, pour en permettre l'observation exacte, les détails ou les dispositifs de petites dimensions.

Ainsi donc, on donnera l'enseignement expérimental par le cinématographe, mais on ne le donnera pas tout entier.

Les matières où l'on peut surtout puiser pour des films scolaires sont les suivantes : Anatomie. — Physiologie. — Zoologie. — Géologie. — Botanique. — Chimie. — Physique. — Leçons de choses. — Géographie. — Histoire (surtout celle du temps présent à cause d'une documentation plus exacte). — Technologie. — Métiers. — Procédés industriels. — Travail d'atelier.

Ces observations sont vraies dans tous les ordres d'enseignement : s'il y a des différences de degrés, le principe reste le même. Leçons d'école primaire, cours de lycée, cours d'Université ou d'Écoles supérieures comme l'École polytechnique, la plupart comportent une partie théorique et une partie descriptive. Celle-ci peut tirer du cinématographe des illustrations utiles.

L'éminent Directeur de l'École nationale des Ponts et Chaussées, M. Kleine, précisait, en ces termes, l'importance du cinématographe dans la formation professionnelle de l'ingénieur :

« Les descriptions de chantiers, confections d'ouvrages spéciaux, d'outils appropriés à des travaux difficiles, de machines, gagneraient à être présentées en vues animées qui éviteraient parfois à quelques élèves des idées fausses. Les collections qui se trouvent à l'École comportent des appareils avec des parties mobiles. Au moyen de séries de vues successives prises sur ces modèles dont on déplacerait les parties mobiles entre chaque pose, on pourrait reproduire les mouvements des grands appareils dont on ne peut pas toujours prendre des vues dans de bonnes conditions. En particulier, ces modèles présentent souvent l'avantage de comporter des coupes ou des parties amovibles permettant de voir ce qui se passe à l'intérieur. On pourrait, après la vue extérieure, montrer le mécanisme intérieur en plein fonctionnement et faciliter l'intelligence des longues descriptions que ces appareils nécessitent. »

Encore une fois, la Commission ne prétend pas borner l'initiative des professeurs et des éditeurs de films ; mais elle pense qu'il y a lieu d'abord « d'établir au plus tôt les films qui visent les applications pratiques de toutes les sciences ». (Vœu déposé par M. Derôme et adopté par la Commission.)

c. Il faut, à côté des projections rapides, des projections ralenties et des projections fixes.

La succession rapide des vues ne suffit pas. Nous avons observé qu'une classe n'est pas une séance de spectacle mais une séance de travail. Il est donc indispensable qu'un dispositif spécial permette d'employer l'appareil cinématographique pour la projection de vues fixes. L'écolier saisira mieux des détails importants qui lui échapperaient, comprendra mieux le mécanisme de certains gestes et mouvements que l'imperfection de notre œil ne permet pas d'analyser au premier abord.

M. Ch. Pathé a donné à ce sujet quelques exemples significatifs.

« Je montre à l'écran, dit-il, dans un mouvement très ralenti, les gestes d'un bon limeur, en les opposant plusieurs fois à ceux d'un même artisan moins habile. Par comparaison l'apprenti comprendra facilement toute la technique du bon ouvrier.

De même, prenons un prévôt d'armes : le cinématographe, en montrant en ralenti les moyens employés pour exécuter une botte déterminée, facilite l'apprentissage de l'élève dans une mesure considérable.

Par les mêmes moyens, le cinématographe fournira à l'enseignement artistique du mouvement et des attitudes un riche matériel destiné à renover, à bref délai, toutes les branches de l'art : le modèle vivant, dont l'attitude forcée ne peut être naturelle, sera remplacé par un film susceptible d'analyser lentement toute une série d'attitudes mettant dans sa juste valeur l'attitude à fixer. Un tel programme a sa place marquée à l'école des Beaux-Arts comme à celle des Arts décoratifs. »

d. On peut utiliser dès à présent certains films.

Tout est-il à créer ou peut-on trouver actuellement chez les éditeurs des films propres à l'enseignement ?

De l'aveu même des éditeurs, leur préoccupation n'a guère été jusqu'ici d'adapter leurs films aux programmes d'enseignement. Tantôt les films présentent des altérations, sans importance sans doute pour leur objet présent, mais qui seraient dangereuses dans l'enseignement. Tantôt ils ont été établis un peu artificiellement et donnent de fausses indications sur la durée de l'évolution qu'ils représentent. En fait, tout est à peu près à créer en matière de films d'enseignement. J'ai dit plus haut qu'il ne s'agit point d'établir un programme ambitieux et de réalisation difficile, mais d'éditer certains films qui nous apparaissent comme les plus immédiatement nécessaires. *La Commission a pensé qu'il faudrait pour l'établissement de ces films la collaboration de professeurs compétents.* Les meilleurs films seront ceux qui auront été tournés par de bons professeurs, très avertis des nécessités et des possibilités de l'enseignement. « Sans cela, observe M. Lamirand, on tâtonnera, on pourra faire de jolis films mais qui ne correspondront pas exactement aux enseignements intéressés et qui ne rendront pas les services légitimement attendus. »

Il en sera des films comme des livres scolaires : leur nombre se multipliera et leur variété. On aurait tort de vouloir enfermer professeurs et éditeurs dans un cercle étroit d'où ils ne pourraient pas sortir. Cependant il faudra prévoir des tirages considérables de bandes positives d'un même négatif, parce que les maîtres suivent un même programme et qu'ils auront besoin, à peu près aux mêmes dates, d'avoir à leur disposition des vues semblables.

Mais en attendant que les éditeurs multiplient les éditions appropriées, peut-on se servir utilement de ce qui a été créé? Assurément. On a parlé de 1,200 films qui dès à présent pourraient être utilisés. Il me paraît que ce nombre est singulièrement grossi. Votre Sous-Commission a vu chez nos plus grands éditeurs projeter sur l'écran quelques centaines de films propres à l'enseignement : sans plus attendre, les maîtres puiseront avec profit dans l'intéressant répertoire qui sera mis à leur disposition. Je me bornerai ici à observer qu'en zoologie, en physiologie animale par exemple, en géologie il y a des films que des professeurs qui les ont utilisés estiment hors de pair.

Ce qui manque peut-être le plus, c'est le film élémentaire pour les enfants des écoles primaires. Une suggestion extrêmement intéressante a été faite par M. Chancrin. Dans la plupart des cas, et toujours en ce qui concerne l'enseignement professionnel, il faudrait commencer par prendre le film intégral, et on choisirait dans ce film les parties qui conviendraient à l'ordre d'enseignement et à l'âge des écoliers.

En résumé il convient d'éditer des films nettement pédagogiques avec le concours de maîtres compétents. Il paraît souhaitable d'établir le film intégral qui peut être utilisé aussi bien pour un enseignement sommaire que pour un enseignement complet. En attendant on peut trouver chez les éditeurs des films qui répondent aux besoins de l'enseignement.

e. Des notices explicatives ou des brochures doivent accompagner chaque film d'enseignement.

Un film bien fait ne suffit pas : il est nécessaire de l'expliquer et de montrer comment on en doit tirer parti pour l'instruction et l'éducation des enfants et des jeunes gens. La Commission juge qu'il y a profit à faire imprimer des commentaires précis, des brochures mêmes par les professeurs qui auront tourné le film. Ces commentaires et ces brochures d'ailleurs ne limiteront pas l'initiative des maîtres qui les auront entre les mains. Il serait désastreux qu'elles eussent pour conséquence de diminuer leur effort personnel : leur enseignement deviendrait un enseignement de mort. Seulement il convient de gagner du temps et les notices dont nous parlons auront le grand avantage d'éviter à nos maîtres un travail inutile.

f. Il faut apprendre aux maîtres de la jeunesse le maniement de l'appareil cinématographique.

Les grandes Écoles, les Écoles professionnelles et techniques, les Lycées seront assez vite dotés d'appareils et de films. Mais c'est la masse surtout qu'il faut atteindre : ce sont les millions d'enfants des Écoles primaires qui auront, plus que les autres, besoin de profiter de l'emploi du cinématographe à l'École, parce que le temps de leur scolarité est plus mesuré. La Commission a pensé qu'il importait, sans plus de délai, d'apprendre aux futurs maîtres de notre enseignement le maniement des appareils cinématographiques et la manière de le sutiliser pour une classe profitable. A cet effet, elle a demandé au Ministre de l'Instruction Publique *d'organiser des conférences pratiques dans les Écoles normales d'institutrices et d'instituteurs.* Quelques essais ont été tentés dans le département de la Seine, dans le Cher, et vous savez les résultats obtenus par cet ouvrier de la première heure que nous avons toujours vu à la peine, par M. Collette. Mais les tentatives ont été encore trop peu nombreuses. Une fois encore la Commission insiste avec force auprès du Ministre de l'Instruction Publique pour que, dès la prochaine année scolaire, on prenne les mesures propres à apprendre le maniement du cinématographe à tous ceux qui se destinent à la carrière de l'enseignement.

II. — APPAREILS ET FILMS DESTINÉS À L'ENSEIGNEMENT.

Après une étude approfondie des moyens que la science et l'industrie mettent présentement à notre disposition, la Sous-Commission technique nous a soumis des conclusions pratiques que nous avons été unanimes à accepter.

Nous avons d'abord formulé nettement deux principes d'action : 1° *Ce dont on dispose peut donner d'excellents résultats : il convient de s'en servir;* 2° *Il faut sans retard stimuler les progrès scientifiques et l'effort industriel.*

Des simplifications en effet et des perfectionnements sont à prévoir dans l'industrie cinématographique : seulement la Commission ne pouvait pas fonder ses propositions sur ce qui sera, mais sur ce qui est. Elle ne construit pas un plan idéal pour l'avenir, elle demeure dans le domaine des réalités présentes, assurée d'ailleurs que rien ne servira mieux l'effort de demain que les réalisations d'aujourd'hui.

Des appareils existent. Les types n'en sont ni très nombreux, ni très variés. Nous nous garderons bien d'en faire une étude comparative : les meilleurs se recommanderont d'eux-mêmes. En tout cas, les établissements scolaires qui, sans plus attendre, voudraient utiliser les vues projetées dans leur enseignement trouveront des appareils qui ont déjà fait leurs preuves. Pour les Conférences pratiques qu'il est indispensable à notre avis d'organiser immédiatement dans les Écoles normales, le Ministre de l'Instruction Publique aura à sa disposition des appareils et des films qui suffiront à assurer l'éducation technique de nos futurs instituteurs.

Cependant n'oublions pas que les fabricants d'appareils et les éditeurs de films ont surtout songé à des entreprises de spectacles, et ce qui convient à ces spectacles ne saurait suffire en tous points à l'enseignement de la jeunesse. La Commission a donc voulu des perfectionnements et des garanties : elle les a précisés et décidé de favoriser entre les chercheurs et les constructeurs une féconde émulation.

Au nom de la Sous-Commission technique, M. Gaumont a établi le programme des conditions qui seront exigées des constructeurs d'appareils et des éditeurs de films, quand les appareils et les films seront destinés aux établissements scolaires. En ce court rapport, nous avons retrouvé cette précision limpide, ce sens des réalités qui, au cours de nos nombreuses réunions, ont affirmé la personnalité de notre collègue M. Gaumont (1).

a. Appareils.

Les appareils cinématographiques destinés à l'enseignement devront :

1° Être simples et robustes;

2° Être faciles à manier;

3° Offrir une entière sécurité;

4° Être d'un prix modique.

A ces conditions générales sont jointes des instructions particulières.

Comme il est nécessaire que tous les appareils puissent indifféremment passer les films sans risquer de les détériorer, on remettra aux constructeurs des indications et des mesures auxquelles ils devront se conformer pour les organes d'entraînement et pour la perforation de la pellicule. D'autres instructions précisent le mécanisme d'entraînement du film, le déroulement, le réenroulement, les accessoires.

Quant à la source lumineuse, la Commission n'a admis que l'éclairage par l'électricité et de préférence à incandescence. En France, on compte environ 14,000 communes qui disposent dès à présent de l'électricité comme source de lumière. Là où la lumière électrique fait défaut, on pourra employer un groupe électrogène, munir l'appareil d'une magnéto. La Commission a voulu assurer dans les établissements scolaires le maximum de sécurité. M. Lamirand demandait même l'isolement absolu de l'appareil : « Tant que l'on n'aura pas uniquement des films ininflammables, disait-il, tout appareil fonctionnant par l'arc devrait se trouver dans une salle attenant à la salle de préparation, une petite ouverture donnant passage au faisceau lumineux. »

---

(1) Voir Annexe, page 43.

Si de telles mesures de protection peuvent toujours être prévues dans des constructions nouvelles, elles sont rarement réalisables dans le plus grand nombre d'établissements scolaires existants. Mais la Commission a pris à ce sujet d'importantes résolutions. Elle a décidé de *ne pas accepter pour l'enseignement des appareils qui ne seraient pas munis des dispositifs suivants de sécurité :*

« 1° La source lumineuse sera exclusivement électrique et de préférence à incandescence. Pour ce cas, le plus général, il sera fait choix d'un modèle spécial de douille, permettant un centrage facile et rapide de la lumière, qui sera adopté comme modèle unique ;

« 2° Lorsque l'appareil n'utilisera que les lampes à incandescence de faible intensité, c'est-à-dire ne dépassant pas, dans le foyer lumineux, une énergie de plus de 60 watts, il sera pourvu d'un dispositif de sécurité qui permette, en assurant la conservation du film, d'immobiliser une image, pendant environ une minute en projection ;

« 3° Lorsque l'intensité lumineuse sera telle que l'énergie, dépensée dans le foyer lumineux, dépassera 60 watts, l'appareil devra être pourvu d'un volet de sécurité. Il devra, de plus, si la source lumineuse est un arc électrique, être muni d'une cuve à eau et d'un dispositif de refroidissement énergique, insufflation d'air par exemple, pour éviter l'inflammation ou la déformation du film pendant l'immobilisation;

« 4° Mais tous les appareils sans exception, quelle que soit la source lumineuse, devront être pourvus de boîtes étanches, dites pare-feu, tant au déroulement qu'au réenroulement. La construction et les dimensions de ces boîtes seront telles qu'elles puissent recevoir les bobines démontables. »

Votre Commission, Messieurs, a voulu que la vue fixe pût, à la volonté du professeur, se substituer à la vue animée. Or quelques constructeurs avaient fait remarquer qu'il ne faut point, avec les appareils actuels, arrêter le film en mouvement si on ne veut pas le détériorer. D'autres assurent que certains appareils, munis d'une cuve à eau fixée sur la lanterne, permettent de laisser l'image exposée à la lumière pendant un temps indéterminé sans crainte d'échauffement et de détérioration. Une Société d'instruction populaire, qui a déjà beaucoup fait pour la diffusion des lampes à projection, recommande un appareil qui permet de rester sans danger en vue fixe pendant un temps très long. Quoiqu'il en soit, vous avez résolu que tous les appareil de projection destinés aux Écoles seraient munis d'un dispositif permettant de passer les vues fixes.

Après avoir ainsi déterminé les conditions qu'exige l'emploi du cinématographe à l'École, la Commission a décidé que l'examen des appareils présentés par les constructeurs aurait lieu à partir du 15 décembre 1914. Les conditions et instructions contenues dans le rapport de M. Gaumont seront envoyées à la Chambre syndicale de la cinématographie qui voudra bien les communiquer à tous les concurrents.

b. Films.

La question des films est plus difficile à résoudre. Nous ne parlons pas ici des qualités pédagogiques qu'ils doivent présenter et que nous avons déjà précisées, mais il s'agit de leur fabrication. En fixant les conditions imposées aux appareils de projections pour les écoles, nous n'avons pas oublié le déroulement et le réenroulement du film. Nous avons également donné des indications fort nettes sur le transport et l'emmagasinage : il faut éviter autant qu'on le peut toutes les causes de détérioration d'une matière aussi délicate. On est en droit de penser que des progrès se produiront qui permettront aux éditeurs d'éditer des films plus résistants, plus faciles à conserver et moins coûteux.

La Commission a dû se borner à prendre la résolution suivante qui n'a, du reste, que la force d'un vœu et l'affirmation d'un but à atteindre :

« Les films scolaires doivent être entièrement ininflammables. »

III. — VOIES ET MOYENS.

Programmes établis, films édités, appareils construits, il faut en doter les écoles. Comment atteindre ce but? Voilà ce qu'a recherché la Sous-Commission que vous avez nommée.

Si l'enseignement par le cinématographe devient obligatoire, l'État sera par là même tenu de faire l'effort financier approprié à l'obligation qu'il imposera. Mais toutes les charges ne devront pas peser uniquement sur lui. Les départements, les communes, les associations d'anciens élèves, les sociétés d'éducation populaire, les particuliers aideront à la diffusion d'une méthode d'enseignement aussi efficace qu'agréable. La Commission a voulu déterminer ce qui était la part de l'État et ce qui pouvait venir d'ailleurs. Elle s'est inspirée pour cela de ce que la loi a établi et consacré pour les dépenses scolaires : elle a distingué :

1° les Écoles normales;

2° les grandes Écoles;

3° les Lycées et Collèges;

4° les Écoles primaires supérieures;

5° les Écoles professionnelles;

6° les Écoles d'agriculture;

7° les Écoles primaires élémentaires :

a. urbaines;

b. rurales.

Dans les Écoles normales, la dépense incombera par moitié à l'État et au département.

Les grandes Écoles, les Lycées sont des établissements autonomes. Ils pourront, sur leurs fonds propres, procéder à l'achat des appareils et des films. Exceptionnellement, ils recourront à l'État. Les Collèges sont des établissements communaux à l'entretien desquels l'État prend une certaine part. Les dépenses afférentes à l'enseignement cinématographique seront supportées par les communes et par l'État.

Il en sera de même pour les Écoles primaires supérieures.

Un grand nombre d'Écoles professionnelles dépendent du Ministère du Commerce, du Ministère de l'Agriculture : il appartiendra à l'Administration de ces départements ministériels de fixer la part qui reviendra à l'État dans les dépenses d'achat et d'entretien des appareils à projections et des films.

Pour les Écoles primaires urbaines, la commune assurera parfois la dépense totale. D'une façon générale, elle apportera une aide fort importante. La part de l'État ne saurait être fixée avec précision : elle sera déterminée par les efforts que la commune aura faits. Dans les Écoles primaires rurales, l'État subviendra aux deux tiers de la dépense : la commune fera le reste. Cependant on ne peut établir une règle absolue et dans certains cas la part contributive de l'État et de la commune sera très différente.

A quel chiffre s'élèverait la part de l'État dans l'achat des appareils cinématographiques destinés à l'enseignement ? Il est assez difficile de répondre, alors que l'on ne sait pas encore le prix de revient de l'appareil. On peut néanmoins affirmer que les crédits indispensables pour doter nos écoles d'une méthode pédagogique nouvelle ne seraient pas de nature à grossir démesurément le budget de l'Instruction publique. Vingt à vingt-cinq millions suffiraient assurément à l'achat d'appareils pour tous les établissements scolaires. Or, les constructeurs ne seront pas en mesure de produire avant un long délai les appareils nécessaires et, d'autre part, 14,000 communes seulement ont la lumière électrique. Il semble donc qu'un crédit de quatre à cinq millions serait suffisant jusqu'à la fin de 1920. Remarquons aussi que cette dépense n'est pas annuellement renouvelable, et qu'il suffira ensuite d'un crédit peu élevé pour les frais de réparation et d'entretien.

Il est beaucoup plus malaisé d'établir des règles fixes en ce qui concerne les films. On ne saurait recommander aux écoles l'achat de tous les films dont elles se serviront. Sans doute, conviendra-t-il de constituer, dans les écoles, une bibliothèque de films scolaires, mais pour la plupart des cas il faudra recourir à la location. L'État fera d'ailleurs l'achat d'un certain nombre de films-types d'enseignement qui pourraient être centralisés dans les Écoles normales et circuler gratuitement dans les Écoles primaires.

La Commission est aussi d'avis que le Ministre de l'Instruction publique devrait appliquer aux films la règle qu'il applique aux livres. Une collection, visée par lui, serait établie, et c'est dans cette collection que les maîtres et professeurs pourraient puiser.

Qui paiera les frais de location? Ces frais ne seront pas trop élevés. Les grandes Écoles, les Lycées, les Écoles professionnelles pourront aisément sur leur budget propre assurer la dépense que représente la location des films. Dans les Écoles primaires, le Ministre de l'Instruction publique, comme nous l'avons dit, fera circuler des films-types centralisés dans les Écoles normales. Pour ce qui est des films supplémentaires, est-il chimérique de compter sur la générosité de quelques particuliers ou de quelques associations d'anciens élèves? L'instituteur ne pourra-t-il pas aussi organiser des séances récréatives et percevoir des spectateurs une modique rétribution qui servira à la location des films?

CONCLUSION.

Notre tâche est terminée. Les longs travaux que, sous la direction du grand novateur qu'est M. J.-L. Breton, nous avons accomplis, auront d'heureuses conséquences pour notre enseignement national. On a maintes fois raillé les Commissions que certains comparent volontiers à des entreprises funéraires propres à ensevelir les meilleurs projets sous la poussière de rapports qui ne voyaient jamais le jour. Il serait souverainement injuste de nous adresser ces reproches traditionnels. Nos séances ont été régulièrement suivies : aux heures les plus tragiques, nous avons gardé notre absolue liberté d'esprit et notre confiance inaltérable. Nous avions foi dans la France éternelle, et, sûrs que la justice immanente viendrait à son jour et à son heure, nous avons fait de notre mieux pour répondre au désir du Parlement et du Ministre de l'Instruction publique.

Toujours soucieux de ne point nous égarer en projets ambitieux et vains, occupés de faire œuvre utile et viable, nous avons modestement préparé la voie à des réformes pédagogiques nécessaires.

A l'heure même où la paix ouvre à notre patrie de nouvelles destinées, il importe de recréer par l'éducation les forces intellectuelles et morales que la guerre a détruites en plein épanouissement. A des besoins nouveaux devront correspondre des organismes nouveaux.

Vous avez eu, Messieurs, la claire vision de ce que l'on peut attendre d'un enseignement rajeuni par l'image et rapproché de la vie. Votre longue enquête aura servi à détruire des préventions et des timidités : elle est de nature à convaincre la Commission du budget à la Chambre des Députés et la Commission des finances du Sénat et le Ministre de l'Instruction publique qu'il faut sans retard propager l'emploi du cinématographe dans l'enseignement à tous les degrés.

La Commission a l'honneur de soumettre au Ministre de l'Instruction publique les conclusions et résolutions suivantes :

1° Il convient d'utiliser le cinématographe dans l'enseignement à tous les degrés ;

2° Le cinématographe ne doit pas remplacer l'enseignement du maître, mais en être l'auxiliaire. Pas de classes complètes de cinématographe;

3° Le cinématographe doit surtout servir pour l'enseignement expérimental;

4° Il est nécessaire de combiner dans l'enseignement les projections ralenties et les projections fixes avec les projections rapides;

5° En principe, tous les films scolaires sont à créer. Pour l'établissement de ces films, il faudra la collaboration de professeurs compétents. En attendant, on peut se servir d'un assez grand nombre de films que des maîtres ont déjà utilisés avec profit;

6° Des conférences pratiques doivent être organisées dans toutes les Écoles normales d'instituteurs et d'institutrices pour apprendre aux futurs maîtres de la jeunesse le maniement du cinématographe et son application dans l'enseignement;

7° Il faut constituer une Commission d'examen des films, analogue aux Commissions des bibliothèques. Cette Commission établirait et tiendrait à jour la liste des films qui pourront être utilisés dans les différents ordres d'enseignement. Cette liste sera publiée dans tous les bulletins officiels de l'Instruction publique;

8° La Commission décide de commencer dès le 15 décembre prochain l'examen des appareils de projection cinématographique qui pourront être mis en service dans les établissements d'enseignement public;

9° Tant que l'on n'aura pas de films ininflammables, les appareils devront être munis de dispositifs d'absolue sécurité;

10° Un crédit important doit, dès maintenant, être demandé au Parlement pour permettre de doter, le plus rapidement possible, de nombreuses écoles d'appareils cinématographiques. Cet effort doit être poursuivi jusqu'au moment où toutes les écoles de France seront munies de ce merveilleux moyen d'enseignement.

ANNEXES AU RAPPORT GÉNÉRAL.

SOUS-COMMISSION DES PROGRAMMES.

RAPPORT DE M. COLLETTE
SUR L'EMPLOI
DU CINÉMATOGRAPHE DANS LES ÉCOLES PRIMAIRES.

I. — LES PROJECTIONS CINÉMATOGRAPHIQUES.

L'étude directe des choses, des êtres vivants et des phénomènes auxquels les uns et les autres donnent lieu, avec l'usage et l'exercice de tous les sens, est un puissant moyen d'éducation. Elle initie les jeunes intelligences à l'étude intentionnelle et méthodique des choses et développe leur pouvoir de perception ainsi que leur aptitude à l'observation.

Aussi l'exercice d'observation est il à la base de l'éducation intellectuelle.

Mais l'observation directe ne peut être pratiquée que dans une mesure très restreinte : l'objet manque souvent ; seules ses représentations existent : croquis, schémas, gravures, photographies.

Les projections cinématographiques, en ajoutant le mouvement aux formes, sont les représentations les plus parfaites. Elles constituent un moyen très précieux d'éducation intellectuelle.

II. — AVANTAGES.

Les projections cinématographiques :

a. Excitent la curiosité; éveillent, retiennent et concentrent l'attention; font naître des perceptions vives et précises; aident à l'acquisition de notions exactes et durables;

b. Elles permettent de reculer à volonté les limites du champ de nos observations;

c. Elles éliminent un certain nombre de faits secondaires et portent plus utilement notre attention sur l'essentiel;

d. Elles peuvent résumer ou condenser des faits dont le développement ou la répétition exige un temps relativement long (elles doivent être, dans ce cas, précédées d'explications sur la disproportion qui existe entre le temps que dure la projection et le temps nécessaire à l'évolution du fait présenté);

e. Elles rendent possible l'étude collective des phénomènes d'ordre microscopique.

III. — UTILISATION.

1° En principe toutes les leçons comportant l'étude des choses, des êtres ou des faits ne doivent être accompagnées de projections cinématographiques que lorsque l'objet de l'étude ne peut être observé directement.

Toutefois la projection animée peut compléter l'observation directe lorsqu'il s'agit d'actions rapides ou compliquées qu'il est bon d'analyser ou de décomposer ou lorsqu'il convient d'agrandir, pour en permettre l'observation, des détails ou des dispositifs de très petites dimensions.

2° La projection cinématographique ne se suffit pas à elle-même; elle fait partie d'une leçon et ne peut se substituer à elle. Elle précède ou accompagne la leçon; elle la complète; parfois elle devient la trame des exercices qui mettent en action les facultés des élèves.

3° Les projections cinématographiques conviennent surtout pour l'enseignement de la géographie, des sciences naturelles, des leçons de choses, de la technologie et du vocabulaire.

4° Les spectacles cinématographiques commentés se recommandent pour les réunions des familles, des associations post-scolaires, des patronages.

5° En dehors des leçons portées aux programmes il est bon de faire une place à la projection de films d'actualité.

6° Il est nécessaire aussi de projeter des vues représentant de beaux et de grands spectacles de la Nature capables d'émouvoir les enfants et de faire naître en eux le sentiment d'admiration pour le beau.

IV. — LA LEÇON CINÉMATOGRAPHIQUE.

1° Une leçon avec projections cinématographiques doit avoir, sensiblement, la même durée qu'une leçon ordinaire du même ordre.

2° Elle comporte comme les autres leçons :

Une interrogation sur la leçon précédente; un exposé fait au tableau noir; la présentation et l'observation des choses ou l'exécution des expériences; la composition ou la copie d'un résumé.

Elle comprend en plus : la projection du film cinématographique; les exercices d'observation sur les vues; la prise de croquis au moment où la projection devient fixe.

3° Elle peut enfin être complétée par un devoir et des exercices d'application.

V. — EXERCICES ÉDUCATIFS SUR LES PROJECTIONS CINÉMATOGRAPHIQUES.

1° Exercices d'observation et de réflexion : sur les faits présentés, sur la suite des mouvements, des attitudes.

2° Exercices d'observation et d'élocution.

PROGRAMME POUR LES ÉCOLES PRIMAIRES.

FRANÇAIS.

L'emploi des projections cinématographiques est utile pour l'étude du vocabulaire et pour les exercices de composition française.

1° Vocabulaire. — Les projections animées fournissent l'occasion non seulement d'exercer l'intelligence des élèves et leur faculté d'observation, mais encore de montrer une foule d'objets et d'actions.

Nommer les objets, trouver leurs qualités, leurs rapports; découvrir le verbe qui représente l'action, énoncer les modificatifs, faire saisir les nuances de sens de deux verbes voisins, sont des exercices de vocabulaire vivants et intéressants.

2° Composition française. — Lorsque les élèves ont nommé les choses et énoncé les actions représentées par la projection animée, le travail de composition proprement dit devient facile et agréable.

Les exercices de composition française commencent par l'énumération toute *simple*, mais *ordonnée* des choses observées et des qualités qui leur conviennent; ils continuent par la formation de *phrases complètes* rendant compte de ce qui a été vu; puis par la composition de très courts devoirs sur un petit groupe de choses et d'actions; ils consistent enfin à demander aux élèves l'expression *libre* et *personnelle* des faits présentés par le film.

Cours élémentaires. — Des films représenteront des actions simples, peu rapides de manière que les enfants puissent facilement en saisir les divers moments, et des choses se trouvant dans un milieu différent de celui dans lequel se trouvent les élèves.

Exemple. — Un laboureur au travail.

Choses : champ, charrue, sillon, soc, etc.	Actions : guider l'attelage, maintenir la
Êtres : attelage, oiseaux, laboureur, etc.	charrue, le soc coupe la terre, retourne.

On obtient la petite composition orale suivante :

Le laboureur guide son attelage. Deux robustes chevaux tirent la charrue. Le soc coupe et retourne la terre. Les oiseaux suivent le laboureur dans les sillons et saisissent les larves.

Le laboureur prépare la moisson prochaine.

Films pour les écoles urbaines :

1° Un forgeron au travail.
2° Un maraîcher dans son jardin.
3° Le travail du maçon.
4° La moisson.
5° La vendange.
6° Une ferme.
7° Un bateau arrive au port.
8° Un troupeau de moutons, etc.

Films pour les écoles rurales :

1° Une marchande des quatre-saisons.
2° Un sergent de ville.
3° Un haquet en déchargement.
4° Le balayage et l'arrosage des rues.
5° Une place publique.
6° Un carrefour.
7° Une gare, etc.

Cours moyens. — Les films représenteront des actions plus compliquées, exigeant plusieurs personnages, ayant des mouvements coordonnés.

Exemple :

Une écluse.
Les bateaux sur un fleuve.
Un grand port.
Une usine.
Une grande ferme.
Une chasse.
Un boulevard.
Une maison de commerce.
Le carreau des Halles, etc.

Cours supérieurs. — Les scènes représentées seront plus complexes.

Exemple :

Les bûcherons en forêt.
Une moissonneuse mécanique.
Les quais d'un port.
L'arrivée d'un train.
Un paysage.
En mer (la pêche).
La halte d'un régiment.
Un cortège en marche, etc.

Les films établis spécialement pour l'étude du français seront très nets de manière à permettre une analyse facile des différentes parties. Ils devront être beaux et contribuer à l'éducation esthétique.

Un certain nombre de sujets pourront être tirés des films de géographie et d'histoire naturelle.

LANGUES.

Les films pour l'enseignement du vocabulaire français pourront servir à l'étude du vocabulaire des langues étrangères.

LEÇONS DE CHOSES.

La leçon de choses est, par essence, une leçon faite sur les choses que les enfants peuvent voir, toucher, peser, goûter, sentir. Elle a pour but d'exercer les organes des sens et d'exercer les facultés naissantes.

Les projections cinématographiques complètent ces leçons en montrant l'origine, les transformations, l'utilisation des choses observées.

Le lait, beurre, fromage.
Le blé (farine, pain, pâtisserie).
Le riz.
Le sel (marais salants, mine de sel).
Le thé et le café.
Le cacao, le sucre, le chocolat.
Le miel, la cire.
Les épices, les fruits exotiques.
La laine.
Le coton.
Le lin, le chanvre.
La soie.
Les fourrures.
La houille.
Le pétrole, l'essence.
Le gaz.
La maçonnerie.
Le terrassement.
La menuiserie.
Les boissons.
La faïence, la porcelaine.
Les poteries.
La verrerie.
Le liège, les bouchons.
La pierre.
La brique.
La chaux, le ciment, les mortiers.
L'ardoise.
Le plâtre.
Le fer, l'acier.
La tôle, les clous, les vis.
Le papier.
Le cuir.
Le celluloïd.
La peinture.
La serrurerie.
L'ébénisterie.
Les meubles, etc.

HISTOIRE NATURELLE.

Les projections cinématographiques sont indispensables pour l'étude de l'histoire naturelle.

ZOOLOGIE.

Les races d'hommes.
Les singes.
Les carnivores.
Les insectivores.
Les cheiroptères.
Les rongeurs.
Les ruminants.
Les cétacés.
Les oiseaux-rapaces.
Les passereaux.
Les gallinacés.
Les colombins.
Grimpeurs-échassiers.
Palmipèdes.
Reptiles : Sauriens.
— Ophidiens-chéloniens.
Batraciens.
Poissons.
Mollusques : gastéropodes.
— lamellibranches.
— céphalopodes.
Insectes : broyeurs (hanneton, fourmi).
— broyeur (sauterelle).
— lécheurs (abeille).

Insectes suceurs.
— piqueurs.
Araignées.
Crustacés (écrevisse).
— (homard, langouste, etc.).
Annélides : vers de terre.
— sangsue.
Échinodermes.
Polypes.
Spongiaires, etc.

GÉOLOGIE.

Phénomènes actuels :
— (action des forces externes atmosphériques, vents).
— (action de l'eau) plusieurs films.
— (action des êtres vivants).
— causes internes.
Une mine.
Une carrière (plusieurs films), etc.

BOTANIQUE.

Fleurs curieuses.
Fleurs étranges.
Le pollen (vent, insectes, pollinisation).
Les hybrides.
Le mouvement chez les végétaux (plusieurs films).

HYGIÈNE.

Causes, agents de transmission, marche de la maladie, mesures de préservation.

PHYSIOLOGIE.

La circulation du sang.

GÉOGRAPHIE.

Programme annexé au rapport de MM. E. Petit et Lefas.

TECHNOLOGIE ET TRAVAIL MANUEL.

1. Le Bois (semis, — plantation). Composition du bois. Maladies du bois.
2. Préparation du bois d'œuvre (abatage, équarrissage, débitage, tranchage, bois de fente, soins donnés aux bois débités).
3. Colles, vernis, peinture.
4. Fer, les minerais, la fonte.
5. — l'acier.
6. — les essais.
7. Cuivre, bronze.
8. Étain, zinc, plomb.
9. Brasure, soudure, etc.

MANIEMENT DES OUTILS.

1. Scies.
2. Rabot, varlope.
3. Ciseau, bédane.
4. Préparation d'une planche blanchie, dressée, mise d'équerre, coupée à longueur.
5. La lime.
7. Le ciseau à froid, le marteau.
9. Le forgeage.
10. Instruments de traçage.

INSTRUCTION CIVIQUE.

Les films d'instruction civique représenteront les principaux aspects de la vie politique qui ne peuvent être observés facilement par les élèves.

1. Une élection, le bureau, le vote, le dépouillement du scrutin.
2. Une séance à la Chambre des députés, au Sénat.
3. Les agents du Ministère des finances en fonction.
4. Les agents du Ministère des travaux publics.
5. Une revue, une prise d'armes.
6. Une revue navale.
7. Une audience au tribunal de 1re instance.

RAPPORT DE MM. PETIT ET LEFAS

SUR L'EMPLOI DU CINÉMATOGRAPHE

DANS L'ENSEIGNEMENT DE L'HISTOIRE ET DE LA GÉOGRAPHIE.

I.

Le cinématographe est un instrument de premier ordre pour l'enseignement de la géographie à tous les degrés.

Aux tout petits, il rend sensibles d'un coup d'œil ce qu'est un cap, une baie, un pic, un col, une île ou une presqu'île. Les définitions les plus claires ne valent pas l'enseignement par la vue pour la plupart des enfants, qui ont surtout la mémoire visuelle. Combien de temps perdu à leur faire répéter des formules, quasi inintelligibles pour la majorité d'entre eux, serait économisé par l'emploi du cinéma.

Il en sera de même dans les classes ultérieures. Combien l'étude de la géographie, réduite à des nomenclatures abstraites, était aride de notre temps! Elle a été, depuis lors, rendue plus féconde par l'emploi des livres illustrés, voire des projections, et par l'appel à l'intelligence (enseignement de la géographie physique et économique mieux compris). Mais que de ressources nouvelles nous apporte ici l'emploi du cinématographe!

Avec lui, la visite aux pays lointains s'anime à l'égal d'un voyage fait par le spectateur. Nous entrons dans le port. Nous parcourons les villes, les routes. Nous avons le spectacle de la vie du pays, de ses usines, de ses plantations, de ses hôtes naturels, gens, animaux et végétaux.

Que dire de plus? Un tel programme s'étend jusqu'aux degrés supérieurs de l'enseignement. Le savant lui-même, qui ne peut encore visiter l'univers entier, et qui devait recourir à des prodiges de science intuitive et imaginative pour décrire cet univers, comme Reclus a pu le faire, verra son travail singulièrement facilité. Le professeur, bien davantage encore.

On reproche avec raison à notre enseignement, si remarquable à tous égards, et que les étrangers nous envient justement, un caractère abstrait et livresque à l'excès. De là, dit-on, tant de ronds-de-cuir et si peu d'hommes d'action parmi nos élèves. Peut-être y a-t-il, après tout, quelque chose de fondé dans cette critique. Eh bien! l'emploi du cinématographe, qui apprend à l'élève à regarder, et qui éveille chez lui le goût d'aller voir par soi-même, nous aidera à corriger l'abus de l'enseignement par la parole ou par le livre.

II.

L'application du cinématographe à l'enseignement de l'histoire est malheureusement moins facile. Nous devons observer ici une prudente réserve, commandée par le sujet de l'enseignement même.

L'histoire, c'est le récit des faits du passé. Le fruit moral de cet enseignement se dégage d'ailleurs rarement du fait lui-même. Il est plutôt dans la succession des événements, et dans les relations de cause à effet que l'historien croit pouvoir, sous sa responsabilité personnelle, attribuer à tel fait vis-à-vis de tel autre fait, heureux ou malheureux. De là, d'ailleurs, entre les historiens, des controverses qui constituent, aux degrés supérieurs de l'enseignement, la difficulté, l'essence et l'intérêt passionnant des recherches historiques.

On conçoit que le cinématographe n'a rien à faire dans cet enchaînement des faits du passé. Rarement même, il pourra nous donner un témoignage utile dans l'enchaînement des faits historiques contemporains.

Le rôle du cinématographe dans l'enseignement de l'histoire ne peut donc être qu'accessoire, épisodique. La plupart du temps, la simple projection d'une photographie illustrera tout aussi bien, sinon mieux, la parole du maître.

J'aime beaucoup mieux, si je parle de l'armement d'un guerrier gaulois ou romain, projeter la photographie d'une des vitrines du Musée des antiquités nationales de Saint-Germain-en-Laye, ou les trophées qui décorent les arcs de triomphe romains, que de présenter aux élèves l'aspect faux, — et grotesque, pour tous ceux qui ont le sens du ridicule, — de figurants de théâtre affublés de maillots, de casques de fer-blanc et de barbes en queues-de-vache.

De même, pour représenter un fait historique qui porte en lui-même sa leçon, comme le supplice de Jeanne d'Arc, la mort du chevalier Bayard, ou le serment du Jeu de Paume, j'aime infiniment mieux recourir à quelque tableau de maître, popularisé par la gravure ou reproduit en projection, plutôt qu'à une gesticulation cinématographique. Celle-ci n'a même pas l'avantage, qu'on trouve encore au théâtre, d'évoquer par la reproduction de paroles historiques, et par l'accent d'une Sarah Bernhardt, ou de tel autre tragédien de valeur, quelque chose de l'âme des héros mis en scène.

On sait d'ailleurs combien le théâtre et le roman historiques ont suscité de critiques justifiées, de la part des historiens véritables. Que dire de ces films, montés à grands fracas, et qui, sous couleur d'apprendre à un peuple son histoire nationale, mêlent, par exemple, la légende des invasions d'Attila aux souvenirs de la guerre de 1914 ? Que dire surtout d'un professeur d'histoire qui, chargé d'apprendre à ses élèves la vérité historique, leur montre, à l'appui de ses dires, la photographie d'individus morts deux ou trois mille ans avant l'invention de la photographie !

Nous avons justifié les réserves qu'il est prudent de faire au point de vue de l'enseignement de l'histoire pour réagir contre l'engouement du jour, et contre les essais de certains auteurs de films, plus propres à fausser la vérité historique qu'à la servir.

Nous avons cependant indiqué la possibilité d'utiliser dans cet enseignement le film, au point de vue accessoire et documentaire.

C'est ainsi, par exemple, que la visite d'un lieu historique, d'une forteresse ou d'une ville ancienne, peut illustrer utilement une conférence. On s'est déjà servi de projections dans ce but. Mais la manœuvre de la projection est lente ; et dans l'enseignement, il faut gagner du temps. Le film montre beaucoup plus vite une succession de choses intéressantes à connaître, pour compléter le vocabulaire historique des élèves : par exemple les fossés, les courtines, le châtelet et son pont-levis, les tours à créneaux, le donjon d'une forteresse du moyen âge. Des films descriptifs et documentaires établis de la sorte pourraient être fort bien utilisés.

Il en serait de même d'une visite aux salles des armures du Louvre et des Invalides. La photographie en couleurs prêtera à ces documents un intérêt que la photographie ancienne ne présentait pas. Il nous a été donné d'admirer un film en couleurs merveilleux, reproduisant un défilé de costumes historiques, avec joute et tournoi, donné dans une grande ville des Flandres peu de temps avant la guerre.

Pour les scènes de la guerre contemporaine, ont sait que le film a été largement mis à contribution. Ici, les réserves que nous faisions plus haut, quant à la vérité historique à sauvegarder dans l'esprit des enfants, ne s'appliquent plus de la même manière. Des spectacles émouvants de patriotisme pourront être ainsi gravés dans l'esprit des enfants.

Cependant nous croyons, une fois encore, devoir répéter que la leçon véritable de l'histoire n'est pas, qu'elle ne sera jamais dans le spectacle des yeux ; et que la lecture d'une page d'histoire, écrite par un maître, et jointe à la contemplation d'une simple gravure, aura souvent plus d'empire sur les jeunes esprits, et contribuera mieux à leur formation, que le défilé des gestes rapides et muets, qui constitue la reproduction d'une scène par le cinématographe.

RAPPORT DE M. ROUX

SUR L'EMPLOI DU CINÉMATOGRAPHE

DANS L'ENSEIGNEMENT TECHNIQUE.

I.

L'Enseignement technique a pour base la connaissance précise des réalités. Il doit donc étudier directement les faits, les êtres et les choses se rapportant à la vie industrielle et commerciale.

Cette étude directe n'est pas toujours possible; dans ce cas, la leçon sera accompagnée de projections cinématographiques.

II.

La vie animée éveille la curiosité de l'élève, retient son attention, laisse des souvenirs précis parce qu'elle fait intervenir la mémoire visuelle. « Voir, c'est presque savoir. »

Le cinématographe fait gagner du temps en facilitant la compréhension des faits par la précision qu'il apporte dans leur représentation.

Il est le microscope du mouvement; il permet d'étendre dans le temps, par un ralenti du mouvement, certains phénomènes rapides afin d'en faciliter l'observation, ou de condenser dans un temps donné des phénomènes à évolution lente.

Il rend possible l'observation collective.

III.

Les films doivent avoir une valeur scientifique et pédagogique; ils constituent non pas un spectacle, mais un enseignement.

Ils représenteront les appareils, instruments, machines et procédés de travail les plus modernes.

Ils seront simples, donneront des détails précis, faciles à noter; ils pourront être accompagnés de vues fixes permettant d'appeler l'attention sur les pièces essentielles ou sur les divers organes qui composent un appareil ou une machine.

Ils se dérouleront dans l'ordre même de la leçon et présenteront les faits et les phénomènes avec la méthode, l'enchaînement et la gradation que présentent toute leçon bien faite.

Pour répondre à ces conditions, il est nécessaire qu'ils soient établis avec la collaboration d'un professeur compétent pour chaque matière d'enseignement.

Dans chaque école on utilisera plus spécialement les films se rapportant aux différentes branches d'industrie et de commerce qui intéressent les habitants de la région.

IV.

La vue directe des choses est toujours préférable à la projection cinématographique.

En aucun cas, celle-ci ne peut remplacer le cours; elle constitue seulement un procédé pédagogique qui augmente la valeur de la leçon.

Elle ne doit donc pas empiéter sur le temps nécessaire aux interrogations et à l'exposé du professeur.

Celui-ci s'assurera, par des questions judicieuses, que les élèves regardent attentivement les images qui passent sous leurs yeux et comprennent ce qu'ils voient.

V.

Dans les écoles de commerce, les projections cinématographiques seront surtout utilisées dans l'enseignement de la géographie commerciale, des marchandises, des transports et de l'outillage commercial.

Dans les écoles industrielles, il en sera fait usage en chimie industrielle, mécanique, technologie et pour le travail d'atelier.

Dans l'enseignement industriel comme dans l'enseignement commercial, des films peuvent être communs aux diverses matières du programme.

Des films déjà prévus pour les établissements d'enseignement primaire ou secondaire figurent au programme d'enseignement technique.

La liste des films a été établie par matière d'enseignement; une répartition pourra être faite dans la suite entre les diverses catégories d'écoles.

ENSEIGNEMENT COMMERCIAL.

GÉOGRAPHIE.

Le nombre des films ou vues pouvant être utilisés dans l'enseignement de la géographie est considérable; en donner une liste complète est impossible: il faut surtout choisir pour chaque pays ce qu'il y a d'essentiel, de caractéristique dans le relief, les côtes, les formes de végétation, la population, l'activité économique.

I. — LA FRANCE RÉGIONALE.

Dans l'étude régionale de la France, par exemple, voici quels seraient les films à établir :

I. *Le Massif Central.* — La chaîne des puys, le Mont Dore. Une station thermale, Vichy. Atelier de chaudronnerie. Coulée de lave. Canons du Tarn. Vue d'un causse. Grotte avec stalactites et stalagmites; caves de Rocquefort. La fabrique d'armes de Saint-Étienne.

II. *Les Pyrénées.* — Le massif de la Maladetta; le cirque de Gavarnie, le pont Saint-Sauveur; le gave de Pau; Lourdes; Cauterets; Luchon; le port de Vénasque; les carrières de Saint-Béat. Mœurs basques.

III. *Région du Sud-Ouest.* — Les Landes; la forêt de pins et ses produits. Les dunes et leurs plantations, la vallée de la Garonne et Arcachon.

Sites et monuments : place des Quinconces à Bordeaux; le pont sur la Garonne; le Capitole de Toulouse, etc.

IV. *La région du bas Languedoc.* — Une crue d'affluent cévenol; les cultures d'oliviers et d'orangers; les monuments de l'occupation romaine; la région côtière des étangs.

V. *Région de la Loire moyenne.* — Aspect de la Sologne, du Berry, de la Beauce; les cultures du val de Loir; les fleurs et les primeurs de l'Anjou et de la Touraine; les châteaux; l'horticulture d'Angers; les ardoisières de Trélazé. Le cours de la Loire dans une période de sécheresse.

VI. *Région de l'Ouest.* — Le marais poitevin; le bocage vendéen; l'ostréiculture à Marennes; les moules d'Aiguillon; costume d'Aunis et de Saintonge. Les marais salants.

VII. *La Bretagne.* — La pêche de la morue; les industries sardinières; les varechs; culture de la ceinture dorée; le plateau intérieur, dolmens et menhirs. Mœurs bretonnes, costumes bretons. La pointe du Raz.

VIII. *La Normandie.* — Les herbages; les falaises du pays de Caux; les plages; les rochers du Calvados; la baie du Mont Saint-Michel; quelques monuments publics de Rouen, etc.

IX. *Région du Nord.* — Les hortillons d'Amiens; les cultures maraîchères des environs de Saint-Omer; extraction de la tourbe; les mines; aspect des rivières industrielles; l'ascenseur des Fontinettes; la pêche à Boulogne et l'industrie de la salaison, etc.

X. *Région parisienne.* — Les vignobles de la montagne de Reims; les caves à Champagne. Paysage de la Champagne pouilleuse. Minoterie de Corbeil. Fromagerie de Coulommiers. Champ d'asperges d'Argenteuil; les cultures maraîchères des environs de Paris; vue des bords de la Seine et de la Marne; la batellerie sur l'Oise; le flottage des bois du Morvan, formation des trains de bois, l'arrivée au quai de Bercy.

Vues de Paris au point de vue artistique, commercial et industriel, etc.

Reims avant et après le bombardement, etc.

XI. *Région lorraine et vosgienne.* — Vue de la Moselle; le ballon d'Alsace; le schlittage dans la montagne; les scieries et la houille blanche; une papeterie d'Épinal; le lac de Gérardmer; Vittel; un centre d'extraction du minerai de fer à Briey; une cristallerie de Baccarat; la brasserie de Tantonville. Nancy industriel et artistique.

Costumes d'Alsace et de Lorraine. Vues de Strasbourg et de Metz; l'arrivée des Français en Alsace en 1914; la première leçon de français par un sergent français.

L'Argonne et ses défilés. La route de la Haute-Chevauchée. La saboterie dans l'Argonne.

XII. *Région du Jura et de la Saône.* — Le Crêt de la Neige; spécimen du travail d'érosion; la perte du Doubs; le Rhône dans le Jura; le saut du Doubs; une cluse jurassique; la combe de Pontarlier et du lac Saint-Point; pâturages et sapinières; les laiteries coopératives; l'horlogerie à domicile et à l'usine; une fabrique d'Oyonnax; la fabrication des objets dits de Saint-Claude. Écoles pratiques d'horlogerie, de laiterie.

L'élevage de la Bresse; les vignobles de Bourgogne, etc.

XIII. *Région du Sud-Est.* — La chaîne alpestre; la Mer de glace; le mont Blanc; Chamonix.

Le lac de Genève; le col du Lautaret; le col du mont Genèvre; la voie ferrée du mont Cenis.

Les vallées : la Tarentaise; le Graisivaudan. La vie dans la montagne. Les modes de locomotion : ski, luge; toboggan; leurs applications par les facteurs, les marchandes de légumes et les écoliers.

Les Alpes provençales et les stations d'hiver.

Les chasseurs alpins.

II. — COLONIES FRANÇAISES.

III. — L'EUROPE ET LES AUTRES PARTIES DU MONDE.

Dans une matière aussi riche en vues pittoresques et des plus intéressantes, une sélection sérieuse s'imposera, inspirée par le même esprit que celui qui aura présidé au choix des vues relatives aux régions de la France; aspects particuliers, cultures-types, industries importantes, mœurs, coutumes, œuvres d'art, etc., seront mis en relief.

IV. — LA VIE ÉCONOMIQUE : MÉCANISME DE LA VIE MODERNE.

I. *La ferme.* — Différents types; machines employées en agriculture. Une ferme-école; un laboratoire agricole. Les fermes étrangères.

II. *Culture des diverses céréales.* — Culture intensive, extensive; outillage; la récolte du blé en France, en Russie, en Amérique; les minoteries.

III. *L'industrie du sucre.* — Un champ de betteraves et un champ de cannes à sucre; une sucrerie; une raffinerie.

IV. *Le tabac.* — Sa culture en France, dans la Floride : sa récolte; disposition des séchoirs. Une manufacture de tabacs.

V. *Le vin.* — La culture de la vigne en Bourgogne dans le Midi. Les vendanges; la vinification; les chais; les alcools.

VI. *L'élevage.* — En France et à l'étranger. Principales races; transport, exportation. Industries dérivées de l'élevage; conserves de viandes; frigorification, décongélation.

VII. *Les textiles.* — Le lin dans le nord de la France et en Russie; le chanvre; le rouissage. Culture du coton en Égypte et dans la Louisiane; les travailleurs noirs; la récolte.

La laine. — Tonte des moutons; arrivage des laines à Dunkerque. Vue d'une grande filature.

VIII. *La dentelle.* — Dentelles à la machine; une fabrique de tulle à Calais. Le découpage du tulle à domicile. Dentelles à la main; une dentellière du Brabant de l'Auvergne. Dentelles fines : point d'Alençon, Chantilly, Valenciennes.

IX. *L'industrie de la soie.* — L'élevage du vers à soie dans la vallée du Rhône; le mûrier; les magnaneries; dévidage, moulinage; filature des cocons; soies grèges; soieries de Lyon; travail à domicile.

X. *Étude des minéraux.* — Carrières de pierres à bâtir de Creil et de Chantilly; carrières d'ardoises de Trélazé et de Fumay; carrières de marbre des Pyrénées et d'Italie.

XI. *Les mines de houille.* — La mine; le travail dans la mine, sur le carreau de la mine; le grisou; les corons.

XII. *Le pétrole.* — Puits d'extraction; le naphte du Caucase. Les puits du pétrole de Roumanie, des États-Unis. Bateaux-citernes sur la Caspienne et le Volga.

XIII. *L'or.* — Sables et terrains aurifères. Alaska. Pépites d'or du Klondyke. Les prospecteurs, la région des placers en Guyane française; l'extraction de l'or au Transvaal et à Madagascar.

XIV. *L'industrie du fer.* — Les grandes usines métallurgiques en France et à l'étranger. Les hauts fourneaux de la région de l'Est, du Creusot, de Pittsburg.

XV. *Industrie du verre et industrie céramique.* — Fabrication des bouteilles et des vitres. La Compagnie de Saint-Gobain et ses succursales, glaces coulées. Une manufacture de porcelaine de Limoges.

XVI. *Les transports.* — Les routes, les canaux, la batellerie sur les canaux de Flandre. Navires à voiles et navires à vapeur. Cargos et paquebots. Les chemins de fer; une grande gare et ses différents services. Vues de tunnels et de viaducs.

XVII. *Les ports à échouage, à bassin à flot, d'estuaires, conjugués.* — Outillage de chargement et de déchargement; remorquage. Entrée et sortie des bateaux. Les bassins, avant-ports, digues, jetées.

XVIII. *Les isthmes.* — Grands canaux maritimes.

XIX. *L'activité commerciale.* — Les grands magasins; vins, nouveautés. Les grands magasins de nouveautés à Paris.

XX. *Les banques.* — Les divers services d'une grande maison de banque.

Marchandises.

Dans les Écoles supérieures de commerce et les Écoles pratiques de commerce, le cours de marchandises embrasse l'étude des produits commerçables. Il est recommandé d'étudier plus spécialement ceux qui intéressent le commerce de la région; pour ce cours, le nombre des films est pour ainsi dire illimité. La liste suivante est donné à titre d'indication.

1er Groupe.

1° Fabrication de la fonte, matières premières; chargement; coulée; échantillons des différentes catégories de fonte (blanches, grises, truitées, manganésées); machine soufflante; cowpers;

2° Fabrication du fer; puddlage; marteau-pilon; laminoir ébaucheur; masserie; four à réchauffer; laminoirs dégrossisseur et finisseur;

3° Transformation de la fonte en acier au convertisseur; coulée de l'acier; train blooming;

4° Galvanoplastie : fabrication du fer galvanisé;

5° Fabrication de l'aluminium; transformation de la bauxite au four électrique.

2e Groupe.

6° Traitement du sel marin (marais salants).
— gemme (mines).
— de rivière (bâtiment de graduation);

7° Four à chaux; fabrication de la chaux;

8° Fabrication de l'eau oxygénée;

9° Les phosphates de chaux; différents degrés de solubilité; fabrication des superphosphates;

10° Fabrication de la poudre noire; préparation des matières premières; traitement du fulmi-coton; traitement de la nitroglycérine en vue de sa transformation en dynamite;

3e Groupe.

11° Carrière en activité montrant bien les couches de stratification. Emploi du pic, de la dynamite, tailleurs de pierre;

12° Fabrication des pots, tuyaux, briques, etc.;

13° Verrerie; transformation du verre en fusion en vitres, bouteilles, glaces. Souffleur et emploi de l'air comprimé;

14° Abatage des arbres; débit à la scierie; procédé de conservation; cubage et vente des bois non équarris; altération des bois;

15° Extraction du charbon. Descente des mineurs, remonte du charbon; triage, lavage, classement. Vue d'une veine; le mineur à l'ouvrage; machine d'extraction; appareil de sûreté pour la remonte des cages;

16° Fabrication du coke. Enfournement; défourneuse, extincteurs; usine à sous-produits; goudron, ammonnaphtaline, etc.;

17° Extraction du pétrole; source jaillissante; traitement du pétrole brut;

18° Fabrication des bougies.

4e Groupe.

19° Traitement de la peau en vue de sa transformation en cuir; trempage, reverdissage, pelanage, épilage, gonflement, tannage, corroyage;

20° Pelleterie : apprêteur, lustreur; pelletier-fourreur.

5e Groupe.

21° Une minoterie : transformation du blé en farine; gruau, son;

22° Fabrication du vin : vins mousseux de champagne; fermentation;

23° Fabrication de la bière : maltage, touraillage et dégermage; brassage, cuisson, houblonnage, refroidissement, fermentation;

24° Sucrerie : sucre de betterave, raffinerie;

25° Les alcools : distillation et rectification;

26° Préparation des aliments en vue d'en faire des conserves alimentaires;

27° Contrôle du lait : falsification du beurre, fabrication du fromage (caves de Roquefort).

6ᵉ Groupe.

28° Filature : transformation de la matière textile en fil (soie, coton, lin et laine);

29° Tissage : (toile, mousseline, drap, taffetas). Métier à tisser;

30° Blanchiment et teinture des étoffes. Les matières colorantes (film coloré);

31° Fabrication du papier : préparation de la pâte et transformation de la pâte en feuilles (procédés à la main et mécanique),

Soit une trentaine de films à faire dérouler devant les élèves au cours des trois années d'études.

Le commerce et les transports.

1° *Les grands magasins;* vins, nouveautés, etc., divers services. Les grands magasins de nouveautés de Paris;

2° *Les bourses et les banques;* la Bourse à Paris, à Londres, à New-York; les divers services d'une grande maison de banque;

3° *Les transports;* routes et canaux; la batellerie sur les canaux de Flandre; navires à voiles et navires à vapeur, cargos et paquebots; les chemins de fer; une grande gare et ses différents services. Vues de tunnels et de viaducs;

4° *Les ports à échouage;* à bassin à flot, d'estuaire; conjugués; outillage de chargement et de déchargement d'un grand navire (appareils de levage du bord et du quai). Remorquage. Entrée et sortie des bateaux. Les bassins, avant-ports, digues, jetées. Ascenseurs et transbordeurs;

5° *Construction et lancement* d'un grand navire de commerce;

6° *Les isthmes;* grands canaux maritimes. Passage d'un grand vapeur dans le canal de Suez. Fonctionnement d'une écluse dans un grand canal comme Panama. Fonctionnement de l'écluse à bateaux des Fontinettes.

ENSEIGNEMENT INDUSTRIEL.

I. — CHIMIE INDUSTRIELLE.

MÉTALLURGIE.

1° *Fabrication de la fonte.* — Broyage du minerai. Mélange au minerai du fondant, chargement du combustible; chargement du haut fourneau; récupérateurs de chaleur; coulée du laitier et de la fonte; deuxième fusion de la fonte grise; moulage, tournage d'une pièce en fonte grise;

2° *Acier Bessemer.* — Coulée du haut fourneau (ou du cubilot); chargement du Bessemer, fonctionnement; coulée de l'acier;

3° *Acier Martin.* — Coulée de la fonte d'affinage (haut fourneau); gazogène Siemens; chargement du four Martin, fonctionnement; coulée de l'acier Martin;

4° *Moulage de la fonte.* — Préparation des moules; dégarnissage des châssis; coulée du cubilot, ou du four à reverbère; versement dans les moules; refroidissement; ébarbage des pièces;

5° *Acier électrique.* — Coulée du haut fourneau; chargement du creuset électrique; fonctionnement; coulée de l'acier du creuset dans les moules; soudure électrique de l'acier;

6° *Acier de cémentation et acier à forger.* — Affinage du four à puddler; martelage des lopins; marteau-pilon; réchauffage; laminage; trains universels; laminoirs divers; étampage; emboutissage; tréfilage; trempage des pièces (canons, plaques de blindage).

MÉTALLURGIE DU CUIVRE ANGLAIS.

7° *Grillage et réduction;* fusion des produits grillés; grillage des mattes bronze; fusion des mattes grises; réduction des mattes blanches; affinage du cuivre.

MÉTALLURGIE DU PLOMB.

8° *Grillage et réduction;* précipitation, rôtissage, fusion au bas foyer, affinage.

MÉTALLURGIE ÉLECTRO-CHIMIQUE.

9° *Aluminium.* — Préparation des cuves (four Héroult); fonctionnement des fours; coulée du métal, alliages d'aluminium (fours Cowles, Héroult).

MÉTALLOGRAPHIE.

10° *Coupe des alliages.* — Préparation des surfaces; installation de l'appareil micrographique; projections de coupes (bronzes, laitons, maillechorts).

MÉTALLISATION.

Cuivrage électrolytique; nickelage; cobaltage électrolytique; galvanisation; étamage.

II. — COMBUSTIBLES.

1° Fabrication du charbon de bois, du coke et des agglomérés;

2° Fabrication du gaz d'éclairage;

3° Fabrication du carbure de calcium et de l'acétylène;

4° Les pétroles : les puits; raffinage; principaux emplois;

5° Fabrication de l'alcool.

III. — PRODUITS CHIMIQUES.

6° Fabrication de la poudre;

7° Liquéfaction du gaz sulfureux; son emploi pour la production de la glace;

8° Fabrication industrielle des acides et de l'anhydride sulfurique;

9° Extraction industrielle du gaz ammoniac; liquéfaction; production de la glace;

10° Fabrication industrielle de l'acide azotique et du nitrate de calcium (four électrique).

11° Fabrication industrielle du phosphore, des superphosphates et des allumettes;

12° Extractions du sel; marais salants et autres salines.

IV. — MATÉRIAUX DE CONSTRUCTION, PORCELAINE ET VERRERIE.

13° Fabrication de la chaux; chaux hydraulique et ciment; fabrication des mortiers; emploi du ciment armé et du béton; four à chaux;

14° Fabrication de la faïence, de la porcelaine et des grès; fabrication des briques et carreaux céramiques, des matériaux réfractaires;

15° La verrerie : four de verrerie; fabrication de verre à vitre; les bouteilles, gobletterie : taille, gravure et décoration.

V. — PRODUITS ORGANIQUES.

16° Fabrication des vinaigres;

17° Les corps gras; fabrication des bougies stéariques et des savons.

VI. — INDUSTRIES DIVERSES.

18° Tannage des peaux et industrie du cuir;

19° Industrie du caoutchouc.

VII. — MÉCANIQUE.

Le cinématographe peut rendre de grands services dans l'enseignement de la mécanique, notamment en cinématique, aussi bien en mécanique pure qu'en mécanique appliquée.

La cinématographie permet, en effet, de résoudre dans toute son ampleur l'analyse des mouvements; elle constitue une méthode plus générale que la méthode graphique; elle est plus sûre puisqu'elle n'emprunte rien aux forces qu'elle étudie, contrairement à ce qui se passe dans les procédés d'inscription à l'aide d'enregistreurs, et qu'elle ne peut par conséquent altérer en rien leurs manifestations.

MÉCANIQUE PURE.

En mécanique pure, le cinématographe se prête avec une remarquable aisance à l'étude si importante du mouvement et de ses lois. Je me bornerai à signaler à titre d'indication la chute libre des corps, l'oscillation du pendule articulé, la vibration d'un pont métallique.

MÉCANIQUE APPLIQUÉE.

RÉSISTANCE DES MATÉRIAUX.

1° Machines à essayer la résistance des métaux. Spécimens d'épreuves : rompus écrasés ou cisaillés.

MACHINES À VAPEUR.

2° Type courant de machine à vapeur à allure modérée (20 tours au maximum en période de fonctionnement (doit être pris sur les deux faces pour l'examen de tous les mécanismes qu'elle contient).

Vues de nombreuses pièces démontées : cylindres, pistons, bâtis, boîtes de distribution, distributeurs, régulateurs, condenseurs;

3° Étude de la distribution : principaux types de distributeurs, de détentes, les plus répandus et les plus modernes.

Distributeurs Meyer, Corliss et dérivés, Sulzer et dérivés, tiroir rotatif Biétrix.

Types de distribution des grandes usines françaises : le Creusot, Société alsacienne de constructions mécaniques, Dujardin de Lille, etc.;

4° Appareils de changement de marche : coulisses de Stephenson, de Gooch, d'Allan; mécanisme Walschaërt;

5° Turbines à vapeur : turbines de Laval, Parson, Rateau, etc.

Vues des pièces démontées : rotor, stator, régulateurs, appareils de circulation d'huile.

Vues de générateurs de vapeur, appareils de sûreté, installation de tuyauteries.

MOTEURS À EXPLOSION.

6° Moteurs à gaz de ville; moteurs à gaz pauvre; gazogènes; moteurs à pétrole, à essence de pétrole;

Rapport de M. Roux;

7° Moteurs à combustion interne. Moteurs d'automobiles, moteurs d'aéroplanes.

HYDRAULIQUE.

8° Vues de nombreuses installations hydrauliques, d'usines hydro-électriques;

9° Captation et utilisation de chutes d'eau; conduites forcées;

10° Moteurs hydrauliques : quelques types de roues en période de fonctionnement en se limitant aux plus modernes;

11° Turbines hydrauliques : à axe vertical, à axe horizontal; roue Pelton (en fonctionnement).

Vues de pièces démontées et de stations centrales.

TECHNOLOGIE MÉCANIQUE.

1° Fabrication des boulons, écrous, rivets; principaux genres de rivures;

2° Vues des principaux types de paliers; de chaises d'engrenagés, de transmissions par courroies, par câbles et par chaînes;

3° Vues de coulisseaux, de glissières, de bielles et de cames, de robinets, de clapets et soupapes de graisseurs;

4° Les machines-outils pour le travail du bois : vues de scies circulaires, à ruban; scies alternatives à plusieurs lames;

5° Tours, mortaiseuses, machines à faire les tenons, toupie, défonceuse, dégauchisseuse, raboteuse;

6° Fabrication des outils pour le travail des métaux; outils à percer, à aléser, à tarauder; outils de tours et de rabots, outils à fraiser;

7° Cémentation, trempe, recuit, rectification;

8° Machines-outils pour le travail des métaux : vues des types les plus employés des machines à percer; perceuses sensitives, à colonne, radiales; perceuses à broches multiples;

9° Les tours; principaux types; tour revolver, tour automatique, tour à outils multiples;

10° Vues de machines à tarauder, à raboter, à fraiser, à affûter les fraises;

11° Machines à tailler les engrenages, divers types, riveuses fixes et mobiles;

12° Marteaux-pilons et presses à forger;

13° Marteaux pneumatiques et électriques; presses à vapeur et hydrauliques;

14° Chaudronnerie : machines à cisailler et à poinçonner les tôles, machines à cintrer; riveuses hydrauliques et électriques.

Une chaudière marine et une chaudière semi-tubulaire présentées en construction;

15° Fabrication d'un tuyau de cuivre : 1° par étirage; 2° par dépôt galvanique. Exécution au marteau d'une tubulure de cuivre par un chaudronnier;

16° Les engins et appareils de levage : leviers, vérins, crics, poulies fixes, sapines, trépieds, chèvre, poulies mobiles, moufles, palans, poulie différentielle, treuil simple, treuil à engrenages représentés en fonctionnement;

17° Potences, grues fixes, grues mobiles, ponts roulants;

18° Portiques, ascenseurs, transbordeurs;

19° Montage d'une ferme, d'un pont; installation d'une chaudière;

20° Vues d'ensemble et de détail d'usines françaises ou étrangères connues pour leur bonne installation et leur importance;

21° Organisation du travail en série : série des opérations de l'usinage d'une bielle de moteur à explosion;

22° Procédés mécaniques susceptibles de diminuer la main d'œuvre; exemple : la fabrication d'un obus de 75.

HORLOGERIE.

1° Fonctionnement d'échappements, d'engrenages, etc., à établir à grande échelle;

2° Les différentes phases de la fabrication de certaines pièces d'horlogerie, les roues, par exemple.

TRAVAIL D'ATELIER.

Les vides causés par la guerre dans les rangs ouvriers imposent impérieusement à nos ingénieurs l'utilisation judicieuse du moteur humain afin d'obtenir, avec une fatigue donnée, le maximum de rendement; la solution de cet intéressant problème nécessite une étude scientifique de la série des mouvements nécessaires à l'exécution du travail : quand il sera résolu pour chacun des principaux travaux que comporte l'exercice d'une profession, il sera possible à l'aide du cinématographe de décomposer, d'analyser devant les apprentis, la série des mouvements-types qu'exige l'exercice du métier

Le cinématogrephe offre, en effet, cet avantage remarquable de pouvoir suivre les phases de nombreux phénomènes qui échappent à nos sens par leur rapidité.

C'est ainsi qu'il montre nettement, par un ra[illegible]ti convenable, en quoi le coup de marteau d'un forgeron habile diffère de celui d'un apprenti.

Prenons un autre exemple, celui du travail de l'ajusteur à la lime : le limeur exerce une pression afin que l'outil morde sur le métal et un effort horizontal pour le faire glisser à une vitesse déterminée : il est évident que la hauteur à laquelle se place l'ouvrier, sa distance au pied de l'étau, l'écartement des pieds, l'angle qu'ils forment, l'inclination et les oscillations du corps, la façon de tenir la lime, le rythme des mouvements, la vitesse de l'outil à l'aller et celle au retour, l'alternance ou la simultanéité des efforts effectués par chaque main influent sur le travail produit et sur la fatigue.

A l'aide du film, on représentera donc, en ralenti, les mouvements d'un ouvrier dont le mode de travail donne aux variables indiquées plus haut les valeurs les plus avantageuses; le chef d'atelier ou le contremaître s'en serviront pour leur enseignement; ils analyseront les attitudes et les mouvements; ils les expliqueront, les raisonneront; un film représentant quelques ouvriers dont les attitudes et les mouvements sont vicieux permettra d'appeler l'attention sur les défauts les plus généralement constatés, sur les inconvénients qui en résultent au point de vue de l'accroissement de la fatigue et de la diminution du rendement.

La liste suivante est donnée à titre d'indication.

AJUSTAGE.

1° Travail à la lime. Tenue de l'élève, tenue de l'outil;

2° Le burinage; travail au burin et au bédane;

3° Le perçage; perçage à l'arçon, au fût à rochet, à la machine;

4° Travail du tour; tenue de l'outil.

FORGE.

5° Maniement du marteau à main et à devant; position du fer sur l'enclume; maniement des tenailles; précaution à prendre pour éviter les accidents;

6° Les différents genres de soudure; la soudure autogène.

TRAVAIL DU BOIS.

7° Travail à la scie : maniements des différents modèles de scies : scie à tenons, scie à araser, scie allemande, scie à chantourner;

8° Travail à la varlope et au rabot;

9° Tournage du bois.

SOUS-COMMISSION TECHNIQUE.

CONDITIONS

QUE DEVRONT REMPLIR LES APPAREILS ET LES FILMS DESTINÉS À L'ENSEIGNEMENT.

RAPPORT DE M. GAUMONT.

Les Constructeurs qui désireraient soumettre à la Commission, nommée par M. le Ministre de l'Instruction publique, des appareils de projection pour l'application du cinématographe à l'enseignement, devront ne présenter que des modèles répondant aux conditions suivantes :

Conditions générales. — Les appareils devront :

1° Être de construction robuste et ne comprendre que des organes aussi simples que possible, mais réalisant cependant un fonctionnement parfait, la projection devant être de la plus grande fixité;

2° Être d'une manipulation facile et exiger le moindre effort;

3° Offrir la plus entière sécurité au point de vue des accidents et de l'incendie;

4° Être néanmoins d'un prix aussi modique que possible.

Les appareils ne seront pas examinés par la Commission avant qu'un délai de six mois ne soit écoulé depuis la signature de la paix. Les Constructeurs ont donc le temps nécessaire pour étudier et construire leurs modèles.

Conditions particulières. — Afin que tous les appareils présentés puissent indifféremment passer les films sans risquer d'en compromettre la bonne conservation, il a été établi, pour les organes d'entraînement et pour la perforation de la pellicule, des mesures auxquelles les Constructeurs d'appareils et les Éditeurs de films devront se conformer. Le tableau ci-annexé résume ces mesures.

De plus, les Constructeurs devront encore s'efforcer de réaliser, pour les appareils qu'ils proposeront, les desiderata suivants.

Mécanisme d'entraînement du film. — 1° L'entraînement du film se fera, de préférence, par tambour denté afin d'assurer une plus longue durée aux films;

2° La forme des dents sera telle que la pénétration de la dent dans la perforation, pendant la phase d'entraînement, se fasse librement sans risque d'arrachement ni de déformation, le contact entre la dent et le bord de la perforation ne devant réellement se produire que lorsque la pellicule a pris sa place sur le cylindre, au fond de la denture;

3° Quel que soit le mode d'entraînement, le tambour denté ne devra pas avoir un diamètre inférieur à celui qui correspond à l'enroulement complet de quatre images sur sa circonférence. Cette condition, qui a pour but d'éviter que la pellicule se fatigue à l'excès par un enroulement sur un cylindre de trop petit diamètre, se trouve réalisée avec les dimensions indiquées au tableau pour le diamètre minimum du cylindre;

4° Pendant le cycle complet de fonctionnement compris entre l'apparition de deux images successives devant la fenêtre, le temps d'arrêt du film devra se rapprocher, autant que possible, des 4/5es de la durée totale du cycle;

5° Les appareils seront construits pour qu'en marche normale ils passent seize images à la seconde, à raison de deux tours de manivelle dans le même temps, chaque tour de manivelle correspond donc à huit images en une demi-seconde.

Déroulement et réenroulement. — 1° Le réenroulement du film se fera automatiquement;

2° Pour le déroulement et le réenroulement, il sera fait usage de bobines démontables constituées par des noyaux métalliques en forme de cylindre de soixante-quinze millimètres de diamètre et dont les bases planes seront percées, au centre, d'un trou pour leur montage sur l'axe des appareils et, sur leur pourtour, d'encoches destinées à recevoir, par des ergots, les joues des bobines.

Ces joues auront un diamètre suffisant, fixé par le tableau annexé, pour constituer ainsi des bobines, d'un montage facile, pouvant recevoir des films mesurant jusqu'à 400 mètres de longueur.

Il sera d'ailleurs établi un dessin qui donnera le détail et rappellera les principales mesures des axes, des noyaux et des joues amovibles. (Voir fig. 1, p. 50.)

Source lumineuse. — Dispositifs de sécurité. — 1° La source lumineuse sera exclusivement électrique et, de préférence, à incandescence. Pour ce cas, le plus général, il sera fait choix d'un modèle spécial de douille, permettant un centrage facile et rapide de la lumière, qui sera adopté comme modèle unique;

DIMENSION A DE LA BOBINE.
Pour 400 mètres... 295 millimètres
Pour 600 — ... 355 —

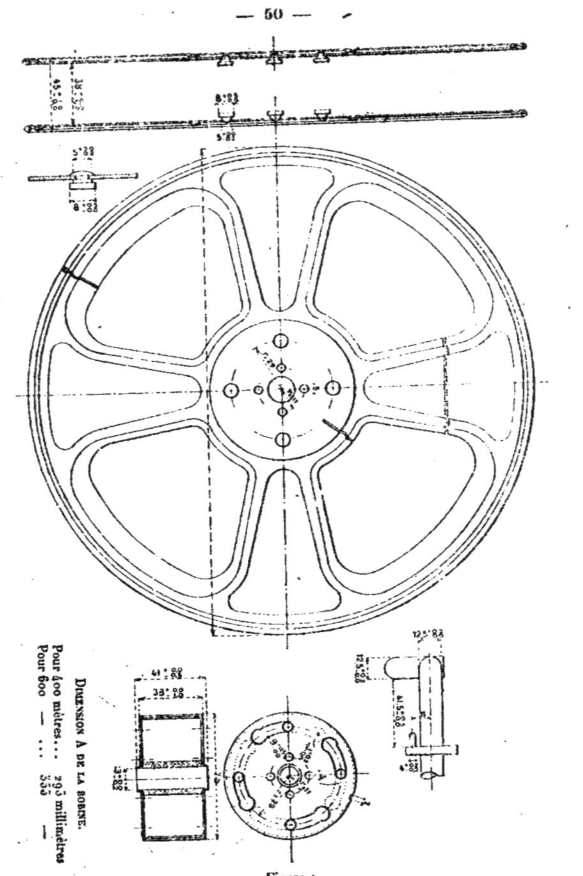

Figure 1.

2° Lorsque l'appareil n'utilisera que les lampes à incandescence de faible intensité, c'est-à-dire ne dépensant pas, dans le foyer lumineux, une énergie de plus de 60 watts, il sera pourvu d'un dispositif de sécurité qui permette, en assurant la conservation du film, d'immobiliser une image, pendant environ une minute, en projection;

3° Lorsque l'intensité lumineuse sera telle que l'énergie dépensée dans le foyer lumineux dépassera 60 watts, l'appareil devra être pourvu d'un volet de sécurité. Il devra, de plus, si la source lumineuse est un arc électrique, être muni d'une cuve à eau et d'un dispositif de refroidissement énergique, insufflation d'air par exemple, pour éviter l'inflammation ou la déformation du film pendant l'immobilisation;

4° Mais tous les appareils, sans exception, quelle que soit la source lumineuse, devront être pourvus de boîtes étanches, dites pare-feu, tant au déroulement qu'au réenroulement. La construction et les dimensions de ces boîtes seront telles qu'elles puissent recevoir les bobines démontables dont il a été question plus haut.

Stipulations. — 1° L'appareil devra pouvoir être posé sur une table quelconque ou du moins sur le bord de cette table;

2° Il sera construit de manière à en permettre, au besoin, la commande par moteur;

3° Tous les engrenages devront, autant que possible, être protégés par des carters;

4° Il sera prévu un moyen de graissage facile pour tous les organes qui ont besoin d'être lubrifiés;

5° L'appareil devra pouvoir recevoir, à la demande, un dispositif permettant de passer les vues fixes, format 8 1/2 × 10. Si ce dispositif est fourni, il sera accompagné d'un passe-vues ou d'une série de passe-vues permettant la projection sans interruption, soit en hauteur, soit en largeur.

Accessoires. — Il sera fourni avec chaque appareil :

1° Un enrouleur pour retourner le film;

2° Trois noyaux de rechange;

3° Un schéma indiquant clairement les points de graissage;

4° Une notice pour le mode d'emploi de l'appareil;

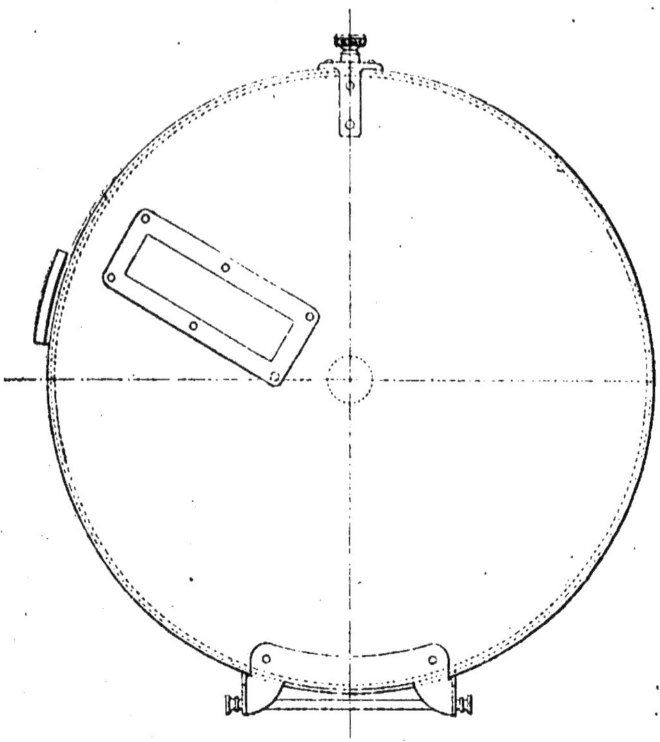

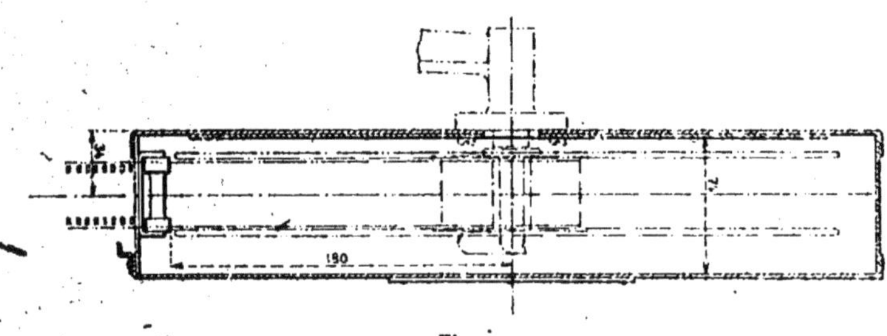

Figure 2.

5° Un tableau faisant connaître les dimensions d'écrans et les foyers d'objectifs convenant aux différents reculs les plus courants et, sur demande, l'appareil sera fourni avec une trousse d'objectifs correspondant à des foyers indiqués. Ce tableau portera l'indication du nombre de lumens par mètre carré à fournir sur un écran pour que l'éclairement soit normalement suffisant. Des déterminations seront faites par les Constructeurs, et au besoin avec l'aide du Laboratoire central d'électricité, pour fixer ce chiffre suivant les facteurs qui peuvent le faire varier;

6° Un tableau des pièces de rechange (interchangeables) avec indication des prix de chacune;

7° Une caisse d'emballage à couvercle vissé, de façon qu'elle puisse servir à des transports successifs.

Transport et emmagasinage des films. — Les films, sauf ceux de longueur inférieure à 60 mètres, voyageront et seront emmagasinés roulés sur le noyau métallique qui doit servir de moyeu à la bobine démontable. Ils seront, ainsi enroulés, fournis dans des boîtes métalliques. Pour que ces boîtes soient à la fois légères et solides, pour qu'elles donnent le maximum de commodités pour la manutention et pour que le modèle en soit uniforme afin de faciliter l'emmagasinage des films, il est précisé qu'elles seront de forme carrée, à coins ronds; elles devront être faites de fer-blanc de 4/10es, de préférence embouties. Un dessin en fera d'ailleurs connaître les dimensions exactes. Il en sera établi trois modèles, correspondant aux longueurs de films de 60 mètres et au-dessous, — 120 mètres, — et 400 mètres. Le tableau joint à la présente note donne les dimensions respectives de ces trois modèles dont le plus petit suppose que le film, ainsi qu'il a été dit, ne sera pas roulé sur un noyau. (Voir fig. 3, p. 54.)

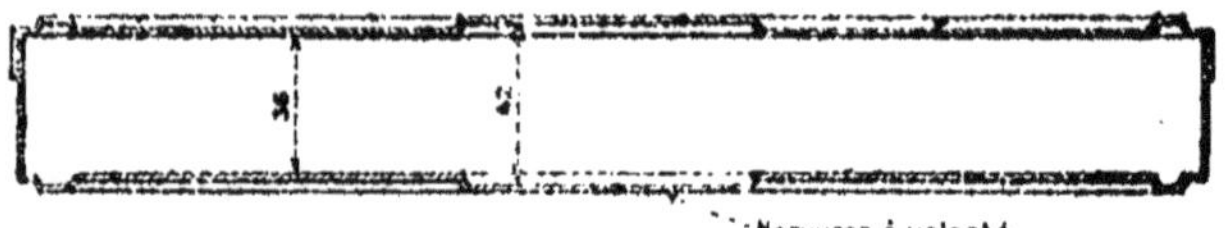

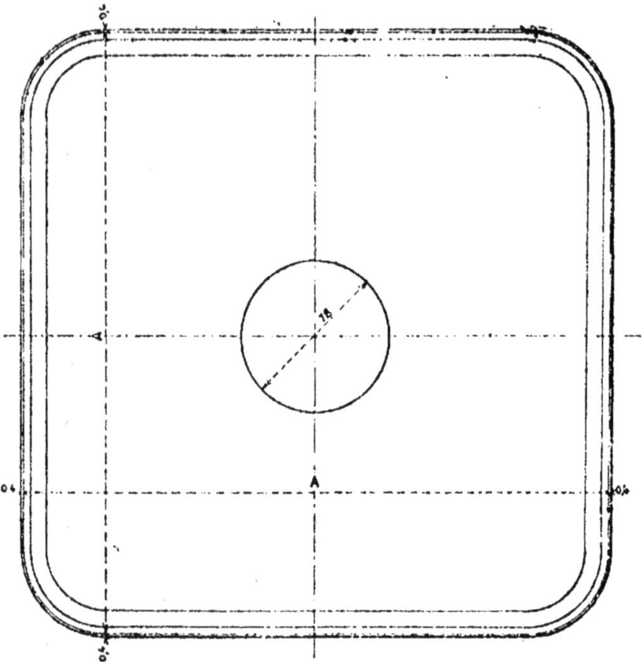

Vue en plan de la boîte (le couvercle enlevé).

Dimensions intérieures A de la boîte.

Pour 60 mètres,	sans noyau.....	100 × 100 millimètres.	
Pour 120 —	avec —	180 × 180	—
Pour 400 —	avec —	310 × 310	—

Épaisseur du métal : 0,4.

Figure 3.

	NORMALE.	MAXIMUM.	MINIMUM.
	millimètres.	millimètres.	millimètres.
PELLICULE POSITIVE IMPRESSIONNÉE NEUVE.			
Largeur	″	35,0	34,6
Pas	″	4,75	4,72
Écartement d'axe en axe des perforations.	28,3	28,5	28,15
Dimensions des perforations	″	3 × 2	2,7 × 1,7
Séparation des images	Entre les perforations.		
APPAREIL.			
Largeur du couloir	″	35,1	35,0
Diamètre d'un cylindre de quatre images.	23,1	23,9	23,7
Écartement d'axe en axe des dents	28,1	28,2	28,0
Dimensions des dents	1,8 × 1,5	″	″
— de la fenêtre	23,9 × 17,9	24 × 18	23,7 × 17,7
Axe-support des bobines. — Diamètre	12,5	12,7	12,5
Axe-support des bobines. — Longueur de l'emplacement de la bobine	41,5	42	41,5
BOBINE.			
Diamètre extérieur	295	″	″
— du noyau	75	″	″
— du trou	13	″	12,8
Longueur totale du moyeu	41	41	40,5
Écartement intérieur des joues	38	38	37,0
Largeur extérieure maximum (encombrement)	45	46	″

BOÎTES DE TRANSPORT POUR PELLICULES.

(FORME CARRÉE À COINS ARRONDIS.)

Dimensions pour 60 mètres sans noyau	100mm × 100mm
— 120 — avec —	180mm × 180mm
— 400 — avec —	310mm × 310mm
Épaisseur	4/10

www.ingramcontent.com/pod-product-compliance
Ingram Content Group UK Ltd.
Pitfield, Milton Keynes, MK11 3LW, UK
UKHW021656260726
13994UKWH00003B/1485

9 782329 106540